YENİ BAŞLAYANLAR İÇİN

Tezhip

~2~

RUMİ VE BULUT MOTİFLERİ

HACER SÖNMEZ

inkılâb
basım yayım

Nakkaş Osman'ın bir başlık tezhibi,
Kıyâfetü'l-insâniyye fî şemâili'l Osmâniyye / Seyyid Hüseyn el-Urmevî

İÇİNDEKİLER

ÖNSÖZ

Kökleri Orta Asya'ya dayanan tezhip sanatında var olan işleme ve motifler, atayurttan anayurda uzanan coğrafyada başta kitap süslemeleri olmak üzere her dönemin mimarî elemanlarında, ahşap işçiliğinde ve tekstil ürünlerinde görülen desenlerle ortak özelliklere sahiptirler. Dolayısıyla bütünlük arz ederler. Bu sebeple özelde tezhip sanatını konu alan ikinci kitabımızın da ilk kitapla birlikte geleneksel desenlerimizi anlamaya, çizim ilkelerini kavramaya yardımcı olacağını ümid etmekteyiz.

Ülkemizde üniversitelerin ilgili bölümleri başta olmak üzere Hayat Boyu Öğrenme Merkezlerinde, belediye kurslarında ve atölye derslerinde uzun yıllardır düzenlenen eğitimler kapsamında tezhip sanatı eğitimleri devam etmektedir. Dersler esnasında öğrencilerimize bu sanatın konularını aktarmak için yaptığımız yıllık planları hazırlarken sanat eğitimi kitaplarının eksikliği açıkça görülmüştü. Rehber kitap eksikliğine çare olacağı ümidiyle hazırladığımız Yeni Başlayanlar İçin Tezhip serisinin ikinci kitabıyla siz sanat severlerin huzurlarındayız.

Bu kitap, *Yeni Başlayanlar İçin Tezhip 1* kitabının konularının devamı olarak vücuda getirilmiştir. Tezhip gibi büyük bir sanatın tek bir kitapta toplanamayacağı ehli tarafından malumdur. Bu sebeple ikinci ve üçüncü kitapların hazırlanması kaçınılmaz olmuştur. İkinci kitaba devam edecek öğrencinin ilk kitabı tam anlamıyla hazmetmiş olması öngörüldüğünden, bu kitapta temel sanat bilgilerine yer verilmemiş, uygulama ağırlıklı olmasına gayret edilmiştir.

Kısa tarihçe bilgilendirmesinden sonra tezhip sanatının en yoğun konusu olan Rûmî Motifleri ve desen tasarımlarında sevilerek kullanılan Bulut Motifleri ile Negatif boyama tekniği (Çift Tahrir) uygulama görselleri ve ayrıntılı çizimleriyle adım adım izaha çalışılmıştır.

Sanat, bir hoca rehberliğinde hızlı ve güvenli öğrenilir. Kitabımızın hem derslerde yardımcı kitap olacağına hem de yediden yetmişe tezhip sanatına ilgi duyanların ellerinden düşürmeyecekleri bir kitap olacağına inancımız tamdır.

Yeni Başlayanlar İçin Tezhip 2 kitabımızın ortaya çıkmasında bize inanıp güvenen İnkılâb Basım Yayım yayın müdürü Hasan Güneş Bey'e, yayın koordinatörümüz Ömer Faruk Dere'ye özellikle teşekkür etmeliyim. Kitabın görsel tasarımını gerçekleştiren Semih Taneri Bey ve Nurgül Ersoy Hanım'a şükranlarımı sunuyorum.

Tezhip sanatını bugünlere ulaştıran kadim üstadlarımızın ruhları şâd olsun.

Gayret bizden, başarı Allah'tandır.

HACER SÖNMEZ
BEYKOZ | EYLÜL 2020

*Fatih devri sûre başı tezhibi, Hacer Sönmez

SK. Fatih 2571 ,1a (*Hat ve Tezhip Sanatı* 2009'dan).

TANIM VE TARİHÇE

Lûgatte altınlamak anlamına gelen "tezhip", belirli desenler esas alınarak sınırları belli olan yüzeyin süslenmesi için yapılan tasarım ve uygulama faaliyetinin adı olarak kullanılmıştır. Bu sanatın icracılarına "müzehhip ve müzehhipe" denilir. Müzehhip, bir deseni tasarlarken gelenekten gelen desenleri bilerek ve ona kendi yorumunu ekleyerek yeni tasarımlar üretir. Bu yeni tasarımlar sanatkârın tahayyül gücüne göre derinlik kazanır. Ancak müzehhip bunu yaparken tabiatı aynen taklit etmez. En güzel şekilde yaratılmış olan nesnelerin ana çizgilerini koruyarak ona yepyeni bir üslup/stil kazandırır. Geleneksel süsleme sanatlarımızın temelini oluşturan bu stilize resmetme yöntemi sayesinde asırlar içinde olgunlaşarak günümüze gelen tezhip desenleri şu başlıklar altında toplanabilir:

- Bitki motifleri
- Çintemani
- Münhani
- Zencerek
- Rûmî (hayvanî motifler)
- Bulut
- Saz yolu
- Geometrik desenler

İlk dört başlık birinci kitabımızın konularını teşkil etmişti. Bitki motifleri grubu desenlerinin bitki kaynaklı olduğu, çiçek ve yaprakların üstten-yandan görünüşlerinin, yatay ve dikey kesitlerinin stilize edilmeleriyle elde edildiği açıklanmış ve ayrıntılı çizimlerle de ders ders örneklenmişti. Timuçin damgası olarak da bilinen, Osmanlı sarayında gücün ve hâkimiyetin sembolü olarak çokça kullanılmış Çintemani (şahî benek) deseni, 11. ve 15. yüzyıllar arasında yazmalarda görülen Münhani deseni ve paftaları ayırmak için bırakılan boşlukların tezyin edilmesi için kullanılan Zencerek ve cetveller de ilk kitabımızda çizimleriyle, uygulama teknikleriyle ele alınmıştı.

Bu kitabımızın konusu ise Bitiki motifleri grubuyla birlikte en hacimli konu olan Rûmî motifler grubu ve gökyüzünden yere inerek tezhip desenlerinin arasına katılmış stilize Bulut deseni olacaktır. Ayrıca bir süsleme tarzı olarak Negatif boyama tekniğine de yer verdik.

1. Rûmî (Hayvanî Motifler)

Rûmî, tarihi Orta Asya'ya kadar dayanmakla birlikte ismini "Anadolu" mânâsındaki Rum kelimesinden alan, kullanılma alanı çok geniş bir süsleme motifidir. Rûmîyi (hayvanî motifleri) iki ana başlıkta ele almak mevzuyu daha anlaşılır kılacaktır. İlki efsanevî veya hakiki olarak resmedilen hayvan resimleri, ikincisi ise hayvanlardan esinlenilerek stilize edilen desenlerdir. Orta Asya'dan gelen sîmurg (zümrüdüanka), ejder ve kilin (ejder atı) gibi tamamen hayal ürünü hayvan motifleriyle geyik, ceylan, aslan, pars, tavşan, kuş, balık, leylek gibi kısmen üslûplaştırılarak kimliğini ve adını korumuş hayvan mo-

Kelile ve Dimne, serlevha detayı TSMK. H. 362 1b -2a (*Hat ve Tezhip Sanatı* 2009'dan).

tifleri İran ve Orta Asya sahasında görülürken, Osmanlı kitap sanatlarında, özellikle dinî yazmalarda, âyet ve hadis yazılı levha bezemelerinde yer almamış, daha çok minyatürlerde veya yazısız pano biçimindeki halkârî ve ruganî (lake) desenlerde görülmüştür. İkinci grubu teşkil eden münhani ve rûmî desenlerinin hayvan kökenli oldukları tartışmalı olsa da, kanaatimiz hayvanların gövde, bacak ve kanatlarının üslûplaştırılmış şekli olduğu görüşünün isabetli olduğu yönündedir.

Güney Sibirya'da Altay dağları eteklerinde yapılan kazılarda kurganlardan çıkan eşyaların üzerinde rûmîye benzeyen desenlerin görülmesi bu desenin tarihinin Asya Hunlarına kadar dayandığına delil teşkil etmektedir. 1071 Malazgirt Savaşından sonra Anadolu'ya yerleşmeye başlayan Türkler, zengin kültür ve sanatlarını da beraberlerinde getirmişlerdir. Türk boyları karşılaştıkları yeni bölgelerdeki sanat birikimleriyle yorumlarını zenginleştirmişlerdir. Bu zenginlikten rûmî deseni de alabildiğine etkilenmiş, özellikle Selçuklular döneminde geliştirilerek kullanılmıştır. Bunun yanında İslâm diyarlarına da yayılmasını sürdüren rûmî, Hindistan'dan İspanya'ya kadar uzanan İslâm coğrafyasında sevilerek kullanılmıştır.

Rûmî Türk tezyinî motifleri arasında önemli bir grubu teşkil eder. Kendi içinde bir matematik değeri olan, teknik açıdan yapımı zor, çarpıcı ve estetik motiflerdir. Türk sanatında figürlü süslemelerin seyrek görüldüğü bölgeler ve dönemler vardır ama rûmî görülmediği yer ve dönem yoktur. Rûmîlerle tek başına bir kompozisyon oluşturulabildiği gibi bitkisel ve geometrik desenlerle birlikte de kullanılırlar. Kendine has bir takım kurallar içinde sanatkârın stilize etme gücüne bağlı olarak sınırsız sayıda çeşitliliğe ulaşabilir. İslâm sanatlarının diğer dallarında olduğu gibi kuralları itibarıyla sınırlı görünen rûmînin imkânları derinlemesine genişleyerek sonsuzluğa açılır.

A. Karahisarî mushafından koltuk deseni.

Rûmî motifleri kompozisyonun içinde bulundukları yere göre biçim ve isim alırlar. Biçimine göre yalın, kanatlı, sencîde ve desen içinde kullanılış amacına ve yerine göre ise ortabağ, tepelik, ayırma, ağraf, salyangoz gibi isimler alır.

2. Bulut Motifi

Bulutlar adından anlaşıldığı üzerine tabiatta mevcut bulutların sitilize edilip üslüplaştırılmasıyla ortaya çıkmış motiflerdir. Çok sevilen bezeme motiflerinden biri olan bulutlar, Türk sanatına 15. yüzyılda İkinci Bayezid'in Timurlularla olan münasebetleri sırasında Herat, Şiraz, veya Tebriz ekolü ile gelmiş olması muhtemel görünmektedir. Bunun yanında Çin sanatından geldiği için "çin bulutu" diyenler de olmuştur. Bu motife Çin bulutu denmesinin diğer bir sebebi de çiziliş şeklinden kaynaklanıyor olabilir. Zira Çin kelimesi Çin ile ilgili olmayıp Farsça'da kıvrım anlamına gelen "çin" kelimesi ile ilgili olabilir. Bu motifin ilk defa Sultan İkinci Bayezid döneminde hattat Şeyh Hamdullah'a ait 899/1494 tarihli bir yazmada görüldüğü bilinmektedir.

Bulut motifi en çok tezhip ve çini sanatlarında görülmektedir. Tezyinatta bitki motifleri içinde özellikle rûmîlerin kullanılmadığı zamanlarda rûmînin yerini tutarlar ve nadiren bitki, hayvanî motiflerle beraber kullanılırlar. Bulut motifi başka motiflerle karışmaz daima kendi hatları üzerinde devam ederler. Sürekli hareketli olmaları sebebiyle çeşitli görünüm ve formlara ulaşabilen bulutlar bu yönleriyle sanatkârlara ilham vermeye devam etmektedirler.

Bulut motifinin desen içindeki yerine ve biçimine göre yığma bulut, serbest bulut, ayırma bulut, ortabağ, tepelik olarak isimlendirilen çeşitleri bulunmaktadır.

Negatif Boyama Tekniği

On altıncı asırda gelişen bir üslup olan Negatif Boyama Tekniği ya da diğer adıyla Çift Tahrir, tezyinata yepyeni bir bakış açısı kazandırmıştır. Desene gerçekte bakıldığında aydınlık ve karanlık kısımların tersine döndürülmesiyle desenin silüetinin resmedildiği süsleme tarzıdır. Bu desenler tek renkli olarak ve tahrir kullanılmadan işlenirler. Yazmaların ara bordürlerinde, kapalı formlar içinde, yazı altı süslemelerinde, tığlarda, cilt kapaklarında, fermanlarda, kalem işi desenlerinde sıkça kullanılmıştır.

Mushaf zahriye sayfası. (*Astan Quds Razavi Library–Museum Kataloğu*'ndan).

UYGULAMA

1. RÛMÎ MOTİFİ

TEMEL RÛMÎLER

Rûmîlerin temel motifleri

Temel motifler yalın, kanatlı, sencîde rûmîlerdir. Bu motiflerin her birinin kendine has çizim kuralları vardır.

a. Yalın Rûmî: Rûmî motiflerinin ana iskeletidirler. Tüm motifler bu düz hatlı motif üzerinden kurgulanarak biçim ve nakış alırlar.

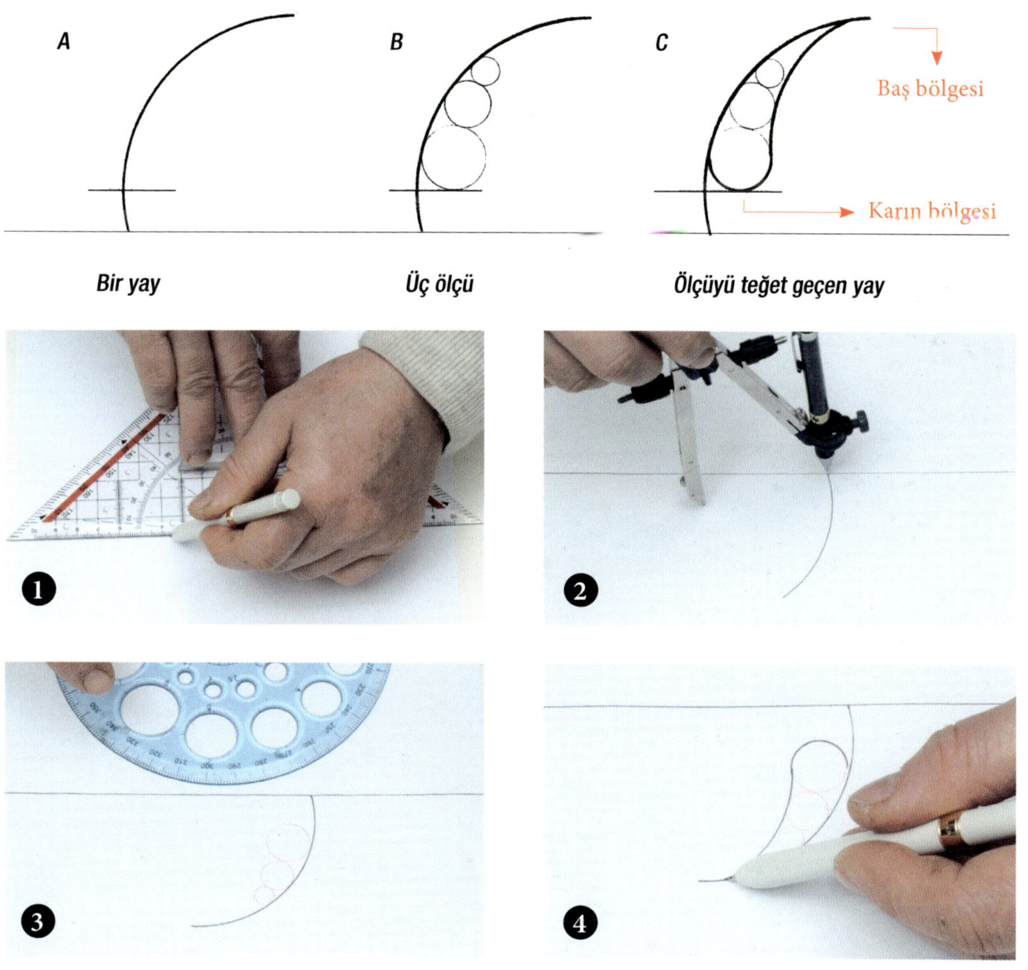

b. Kanatlı Rûmîler: İçe çizilen rûmî, sırt bölgesinden de kola ayrılarak çizilir. Dal üzerinde tek kol olarak ya da ana gövdeden kısa ya da uzun kol ayrımı yapılarak çizilir.

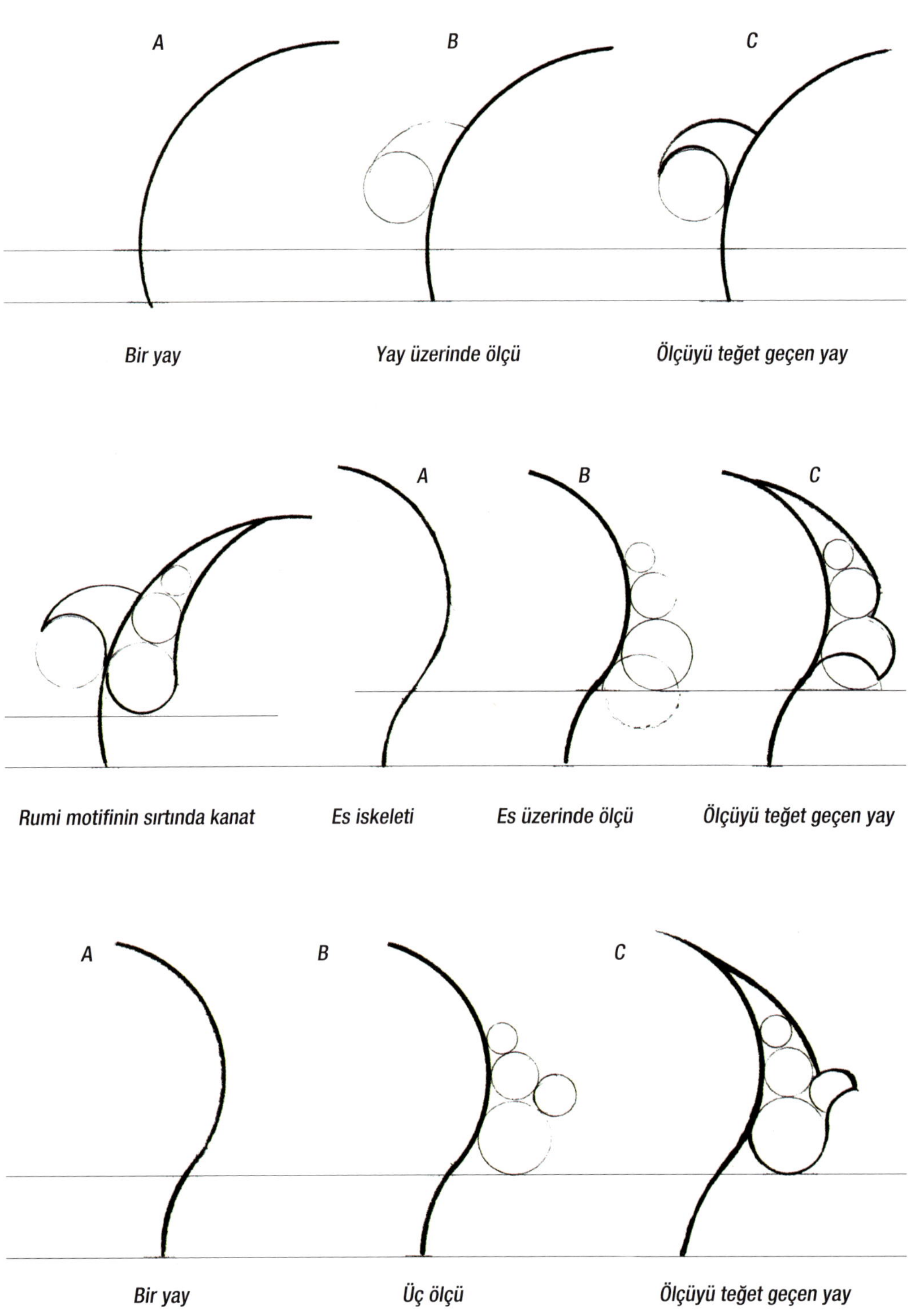

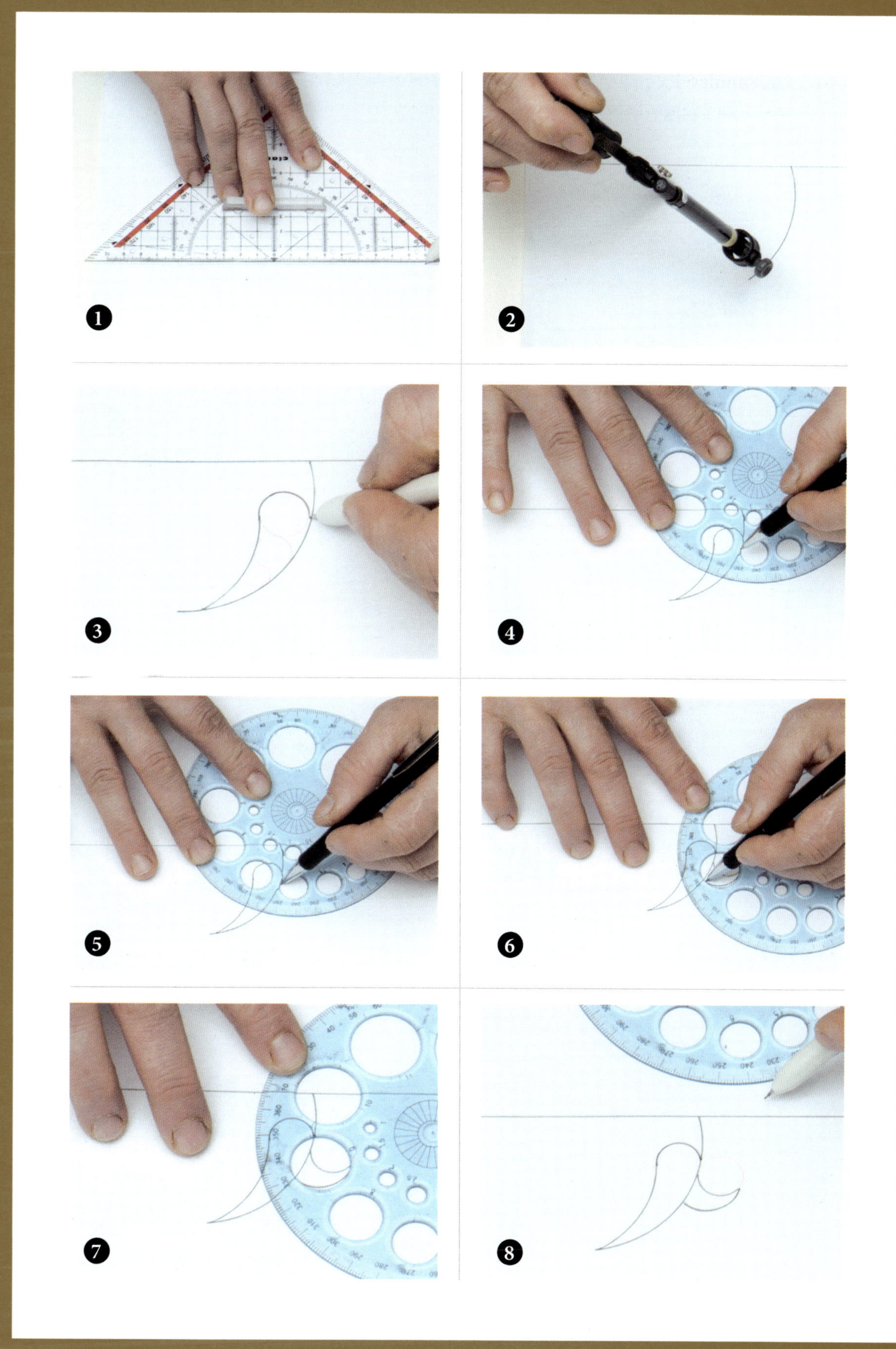
1
2
3
4
5
6
7
8

c. Sencide (Simetrik) Rûmî: Dalın her iki yönüne simetrik olarak çizilen rûmîdir.

A

B

Yay

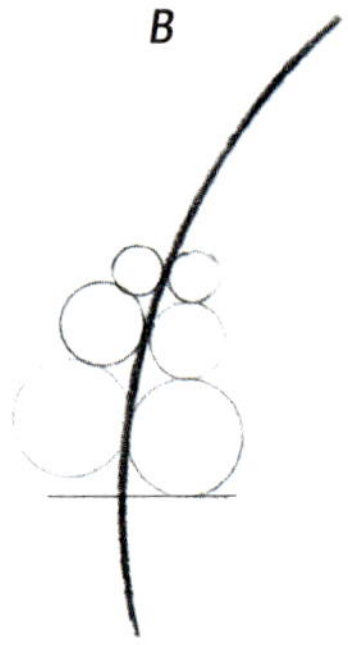

Ölçü

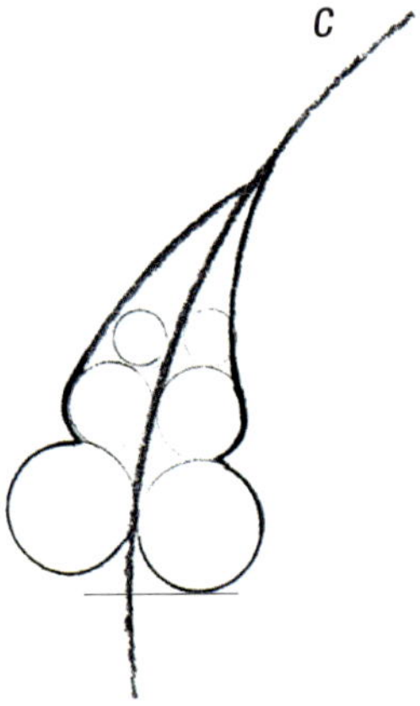

C

Ölçüyü teğet geçen yay

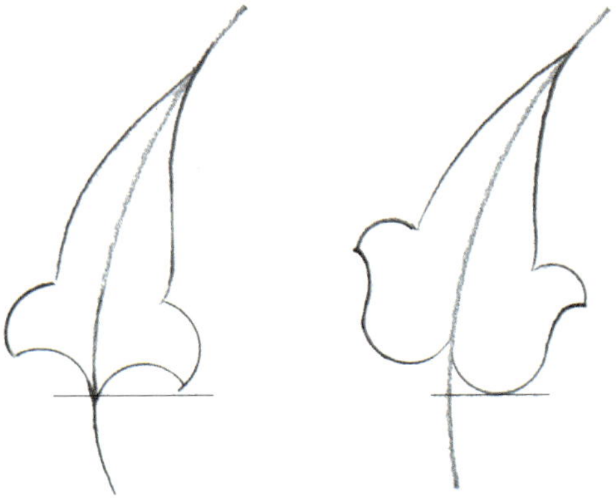

❶

❷

❸

❹

❺

Sencide örnekleri

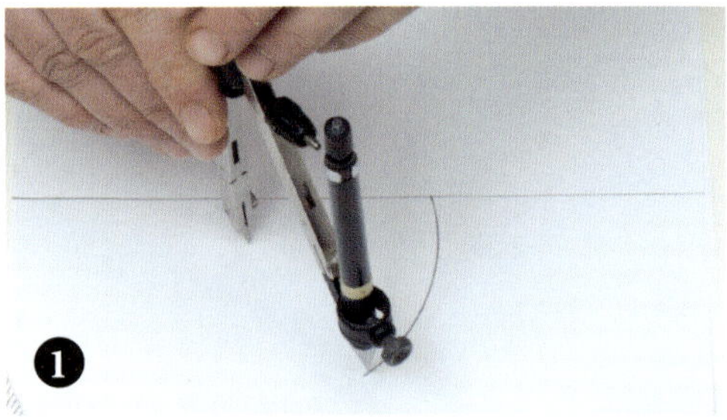

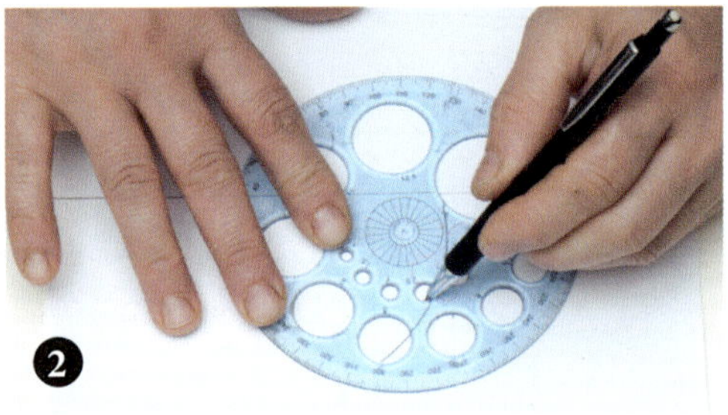

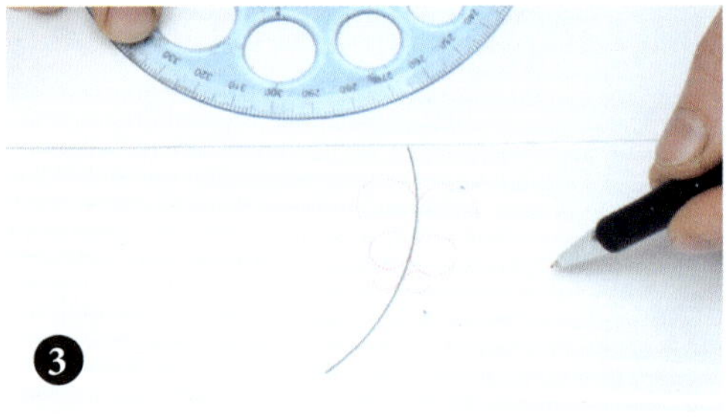

Yardımcı Rûmîler

a. Tepelik: Simetri eksenlerinde kullanılan motiftir.

Simetri eksenlerinde, simetri ekseninden geçen dalların birleşmesinde, kapalı formların üst ve alt kısımlarına tepelik yerleştirilir.

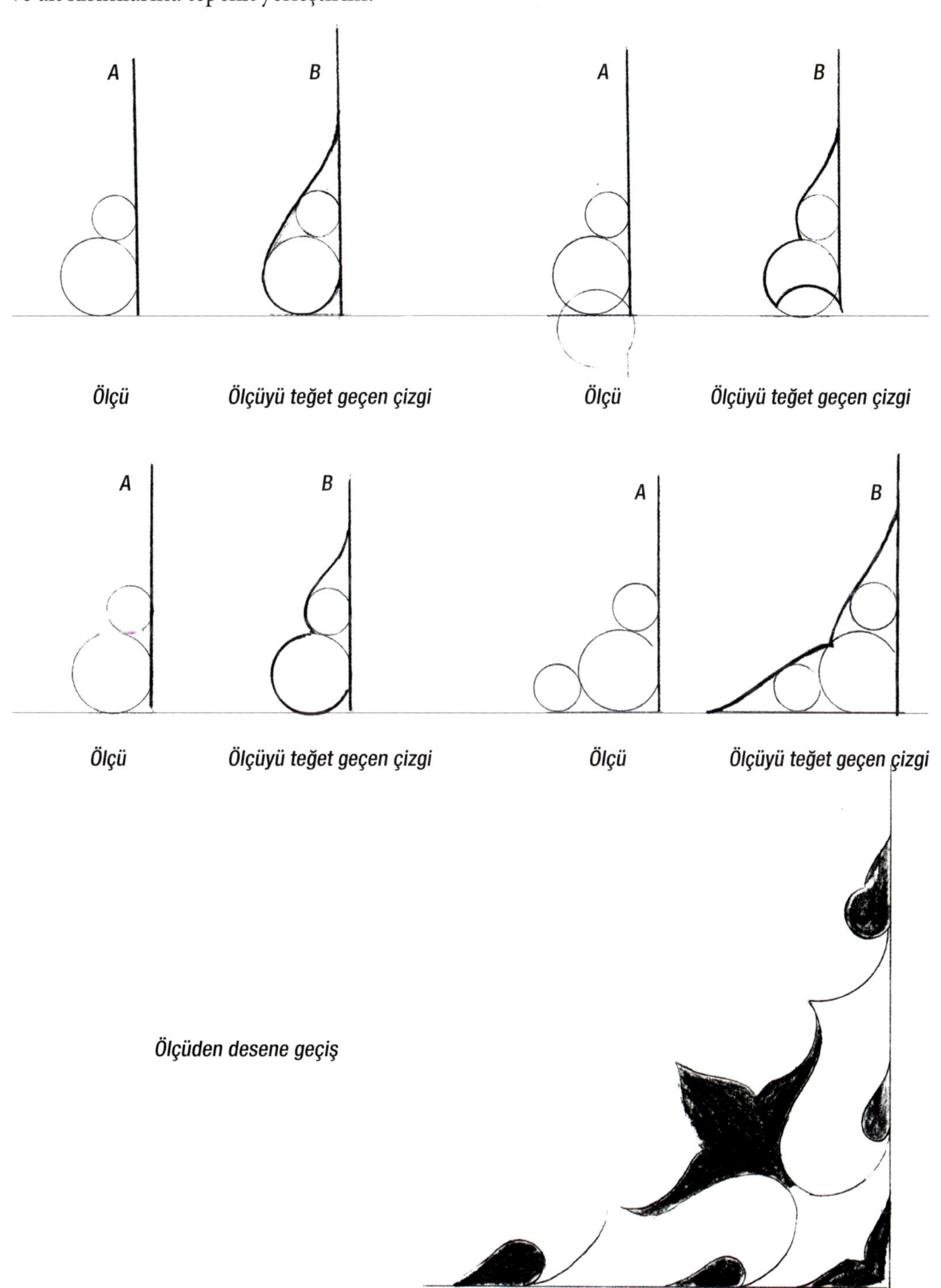

b. Ortabağ: Kompozisyondaki helezonların birleşip tekrar ayrıldığı kısımlarına yerleştirilen rûmîlerdir.

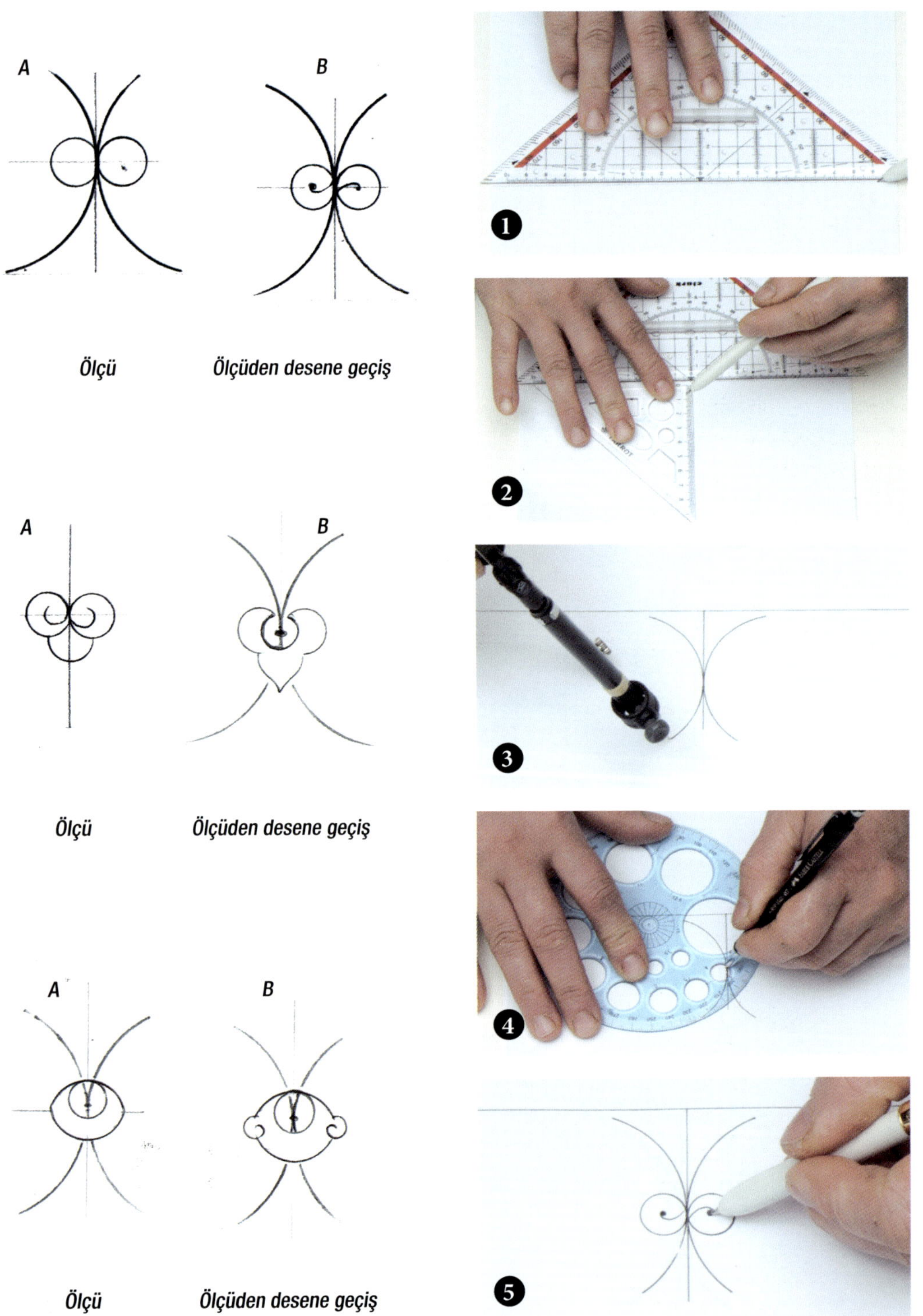

c. Salyangoz: Rûmî ve dal üzerinde salyangoz formlar kullanılır. Bu formlar nokta ya da salyangoz şeklinde çizilir.

d. Ağraf: Simetri eksenlerinde kullanılan motiftir. Rûmî kompozisyonlarda kurtarıcı motiftir.

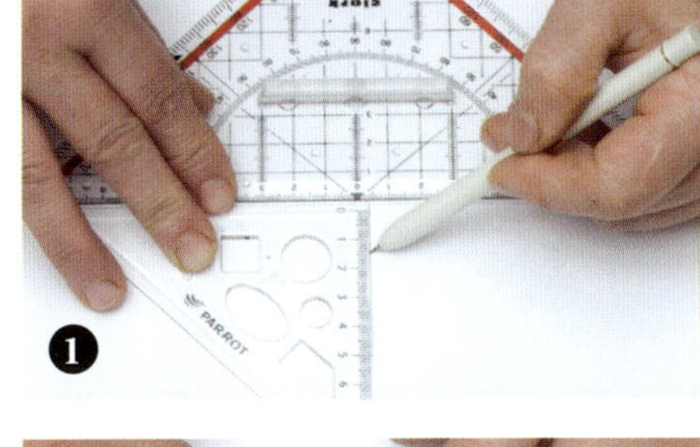

Ağraf, neden kurtarıcı motiftir?

Ağraf motifinin dört çıkış noktası vardır, bu çıkışlar desen çalışmasında çoklu çıkış hareketi kazandırır.

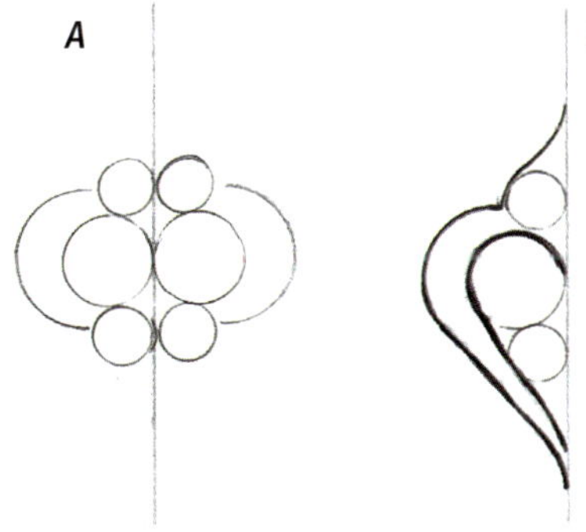

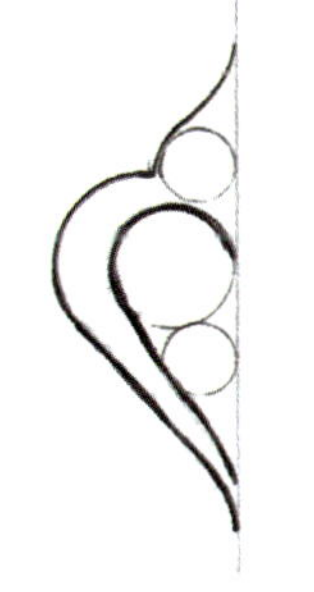

Ölçü — *Ölçüden desene geçiş*

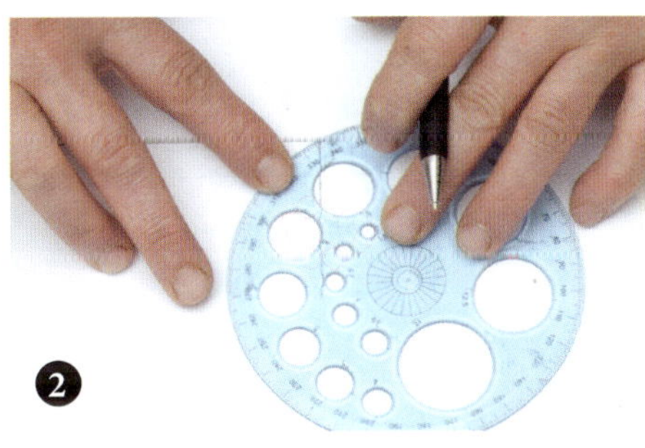

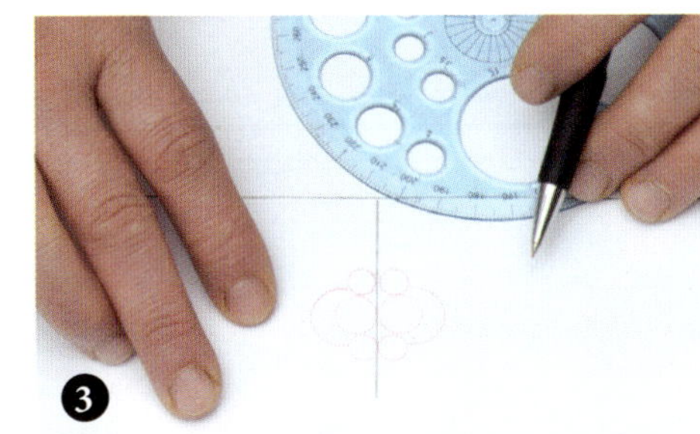

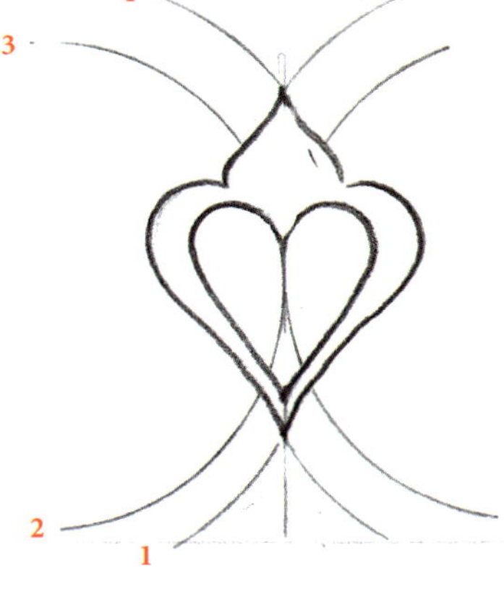

Dört çıkış noktaları

Ayırma Rûmîler (Kapalı Form)

Kapalı formlar simetri eksenlerine yerleştirilirler.

Kompozisyonda genellikle başlangıç noktası olarak kullanılırlar ve içlerinde yer alan çizim özelliklerine göre isim alırlar.

a. Kırılmayan kapalı form: Beyzi olarak çizilir.

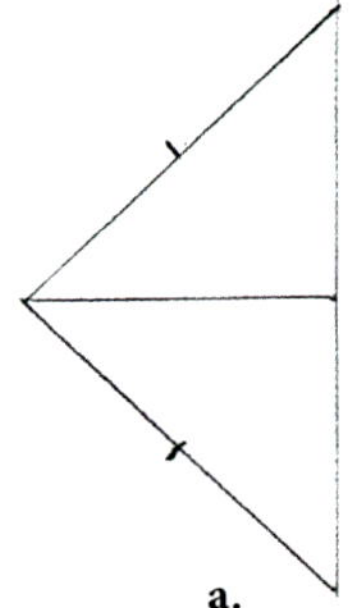

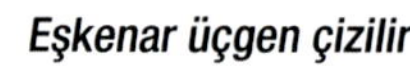

a.
Eşkenar üçgen çizilir

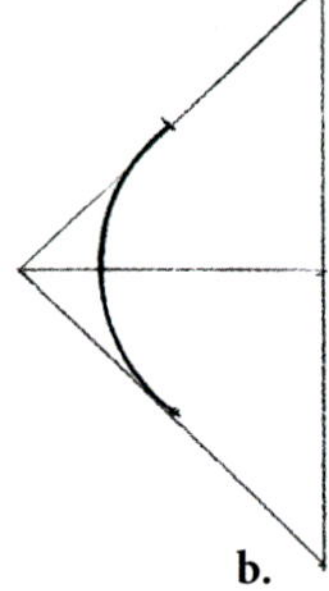

b.
Üçgenin iki kenarının ortasından geçen yay çizilir

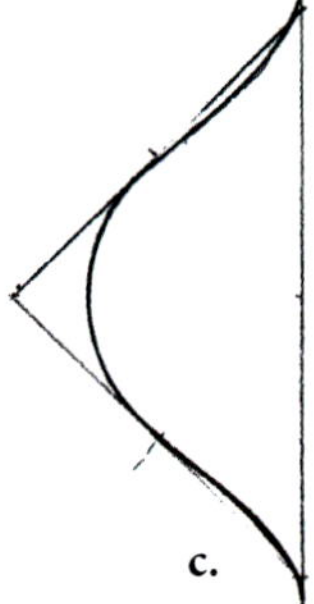

c.
Çizilen yayın uçları üçgenin uçlarına birleştirilir

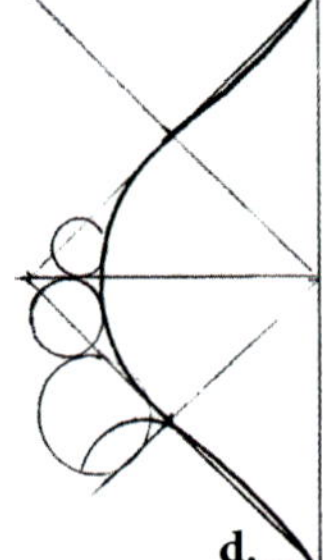

d.
Ölçülendirilir

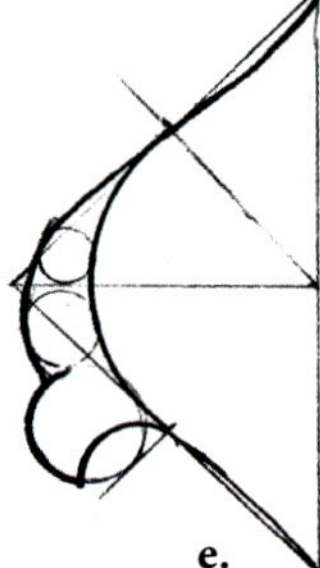

e.
Ölçüden desene geçiş

b. Bir kenarı kırılan kapalı form: Beyzî motifte, alt üst farketmeksizin bir kenarı kırılırlar.

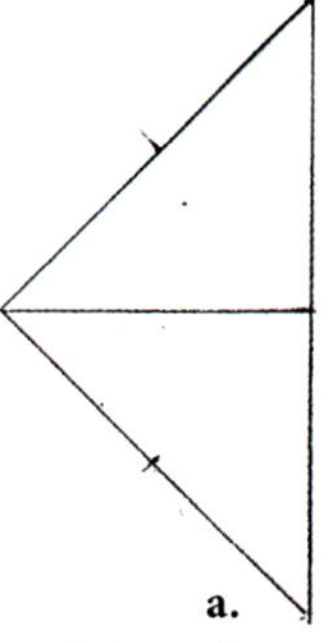

a.
Eşkenar üçgen çizilir

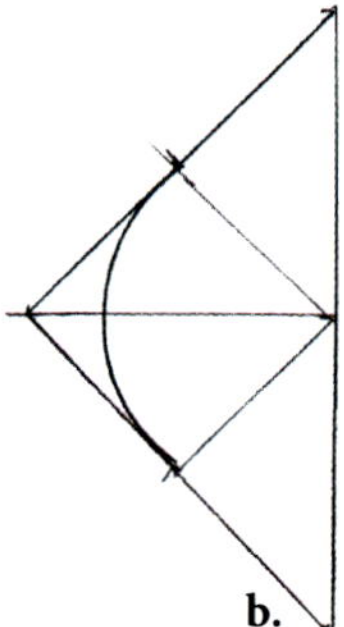

b.
Üçgenin iki kenarının ortasından geçen yay çizilir

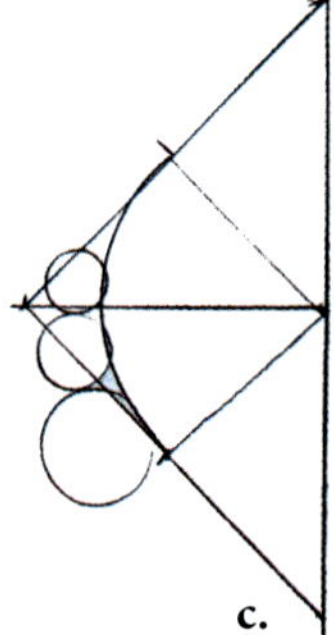

c.
Çizilen yayın uçları üçgenin uçlarına birleştirilir

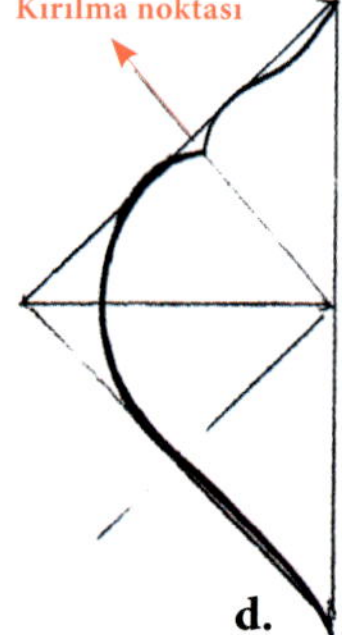

d.
Ölçülendirilir

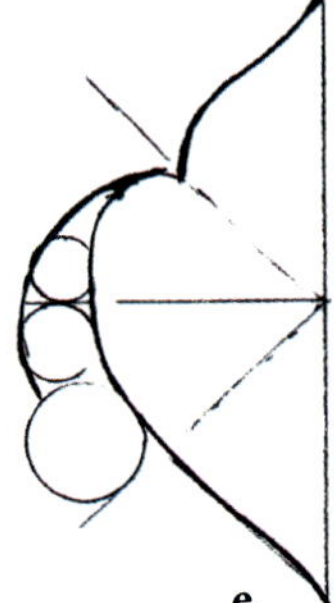

e.
Ölçüden desene geçiş

c. Her iki kenarı kırılan kapalı form: Beyzî motifte her iki kenarı kırılarak çizilirler.

Bu motif iki şekilde uygulanır:

1. İçe kırılan kapalı form.

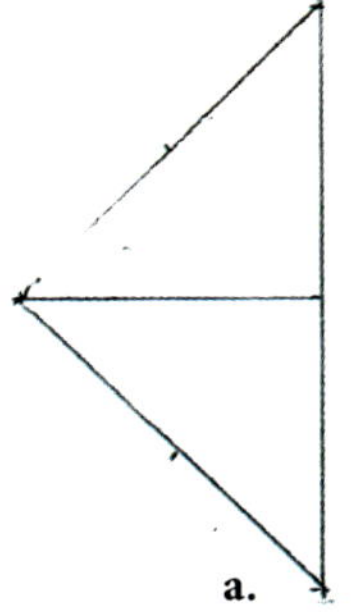

a.

Eşkenar üçgen çizilir

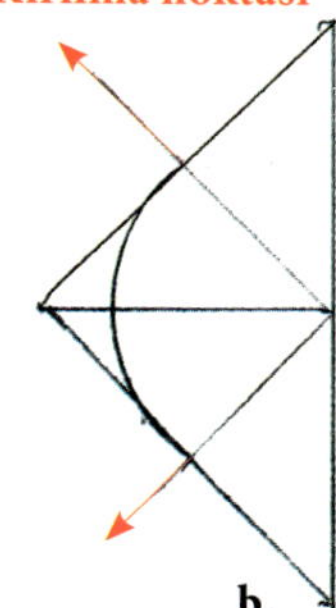

b.

Üçgenin iki kenarının ortasından geçen yay çizilir

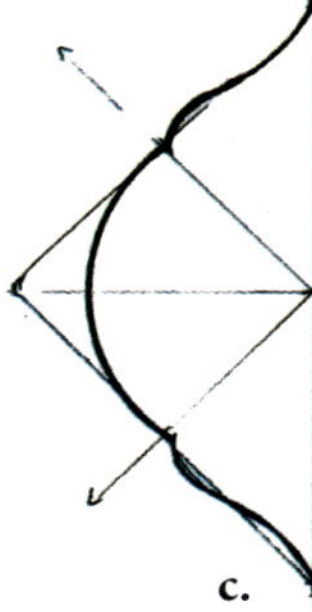

c.

Çizilen yayın uçları üçgenin uçlarına birleştirilir

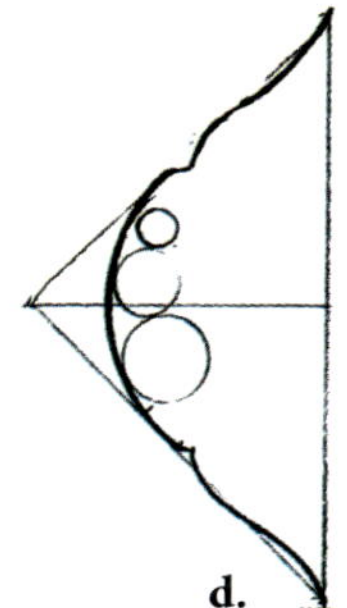

d.

Ölçülendirilir

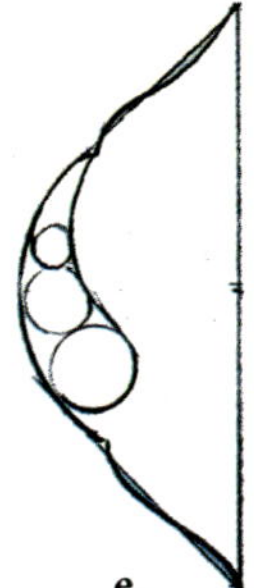

e.

Ölçüden desene geçiş

2. Hem içe hem dışa kırılan kapalı form.

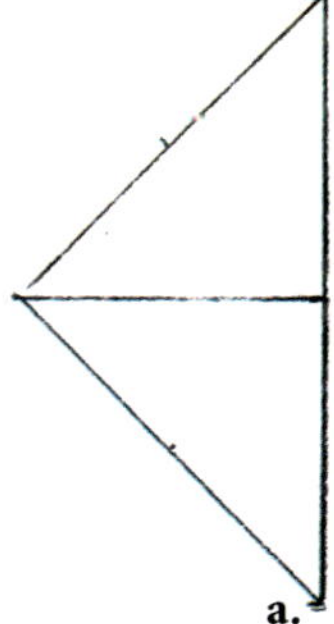

a.

Eşkenar üçgen çizilir

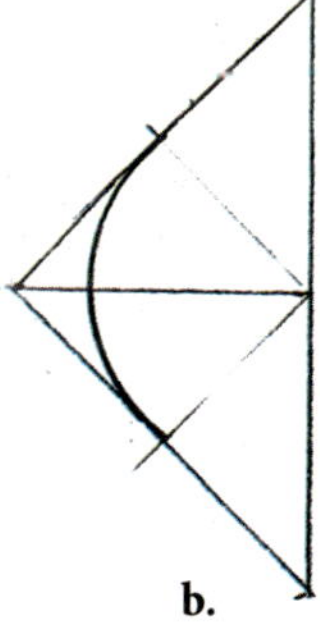

b.

Üçgenin iki kenarının ortasından geçen yay çizilir

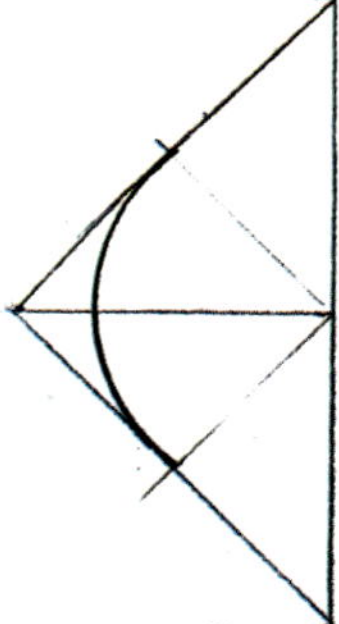

c.

Çizilen yayın uçları üçgenin uçlarına birleştirilir

d.

Ölçülendirilir

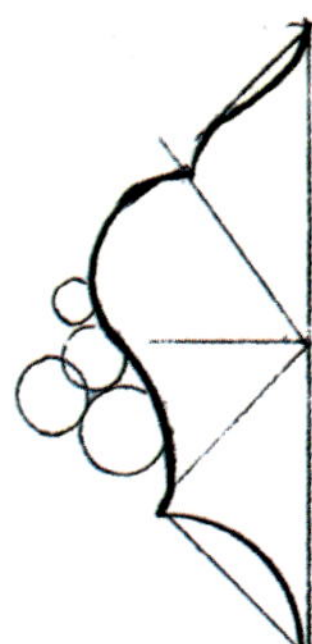

e.

Ölçüden desene geçiş

Rûmînin Halleri

Temel rûmîler görüldüğü dönemlere ya da ilham alınan kıvrımlara göre nakış alırlar.

a. Bünyeli Rûmîler: İç bünyeleri farklı dönemlerde kullanılan örneklerdir.

Bir kompozisyonda farklı iç bünye kullanılır mı?

Bir kompozisyonda farklı bünyeler kullanılmaz. Hangi bünye seçilirse o bünye tüm kompozisyonda kullanılmalıdır.

Rûmî motifi üçe bölünür: İç, gölge, boşluk.

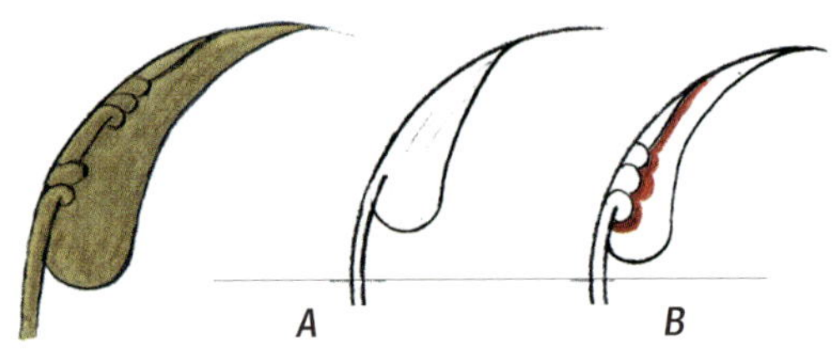

Rumi motifi üçe bölünür *İç - Gölge - Boşluk*

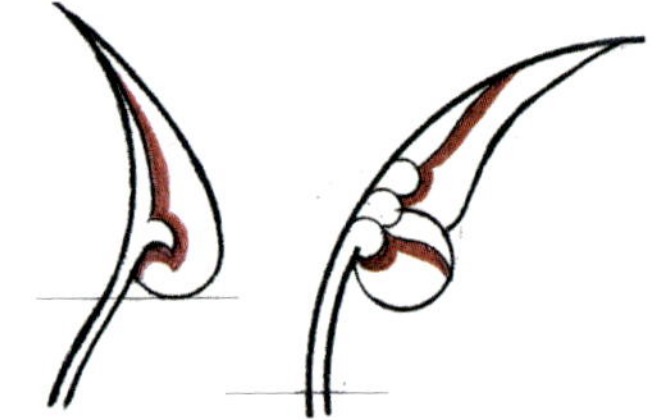

Alıştırmalar

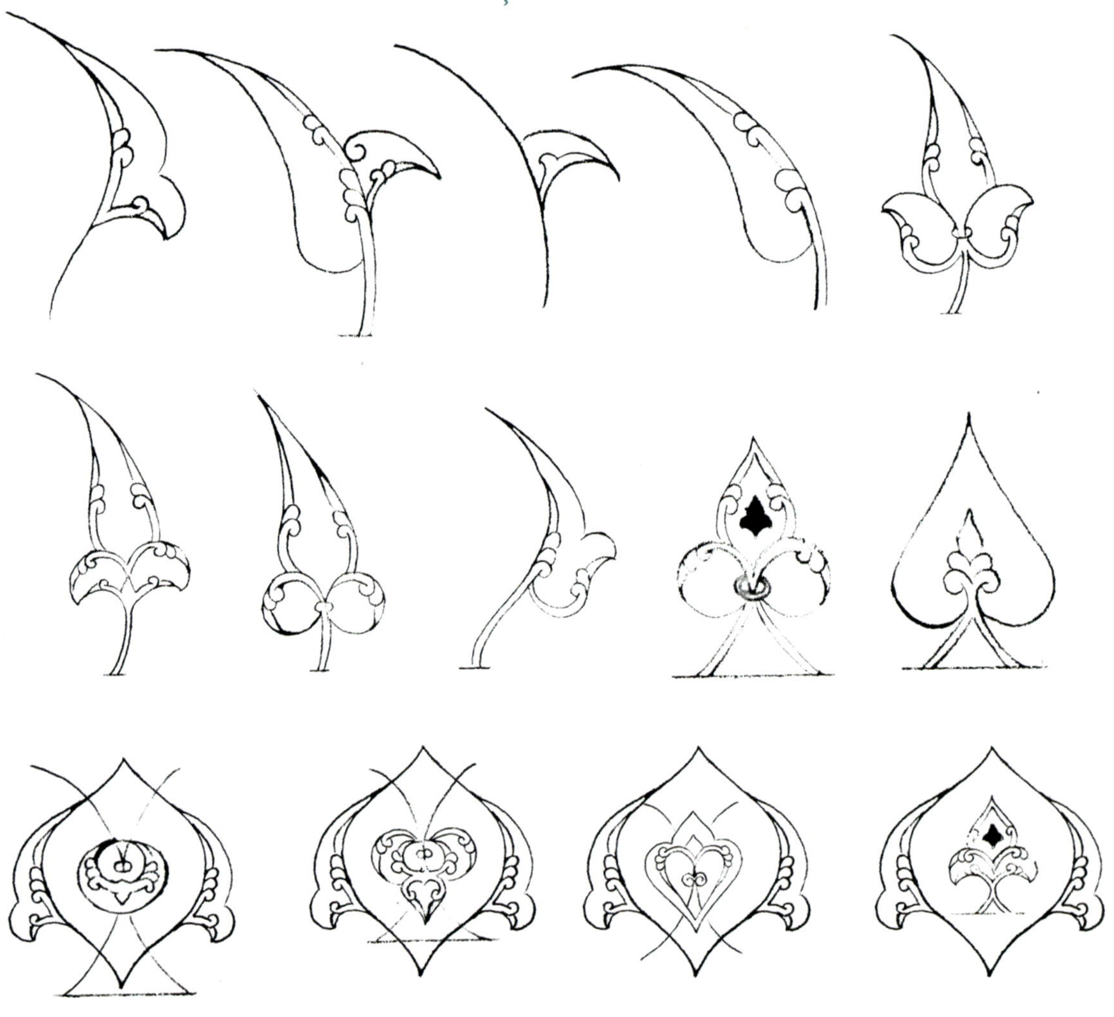

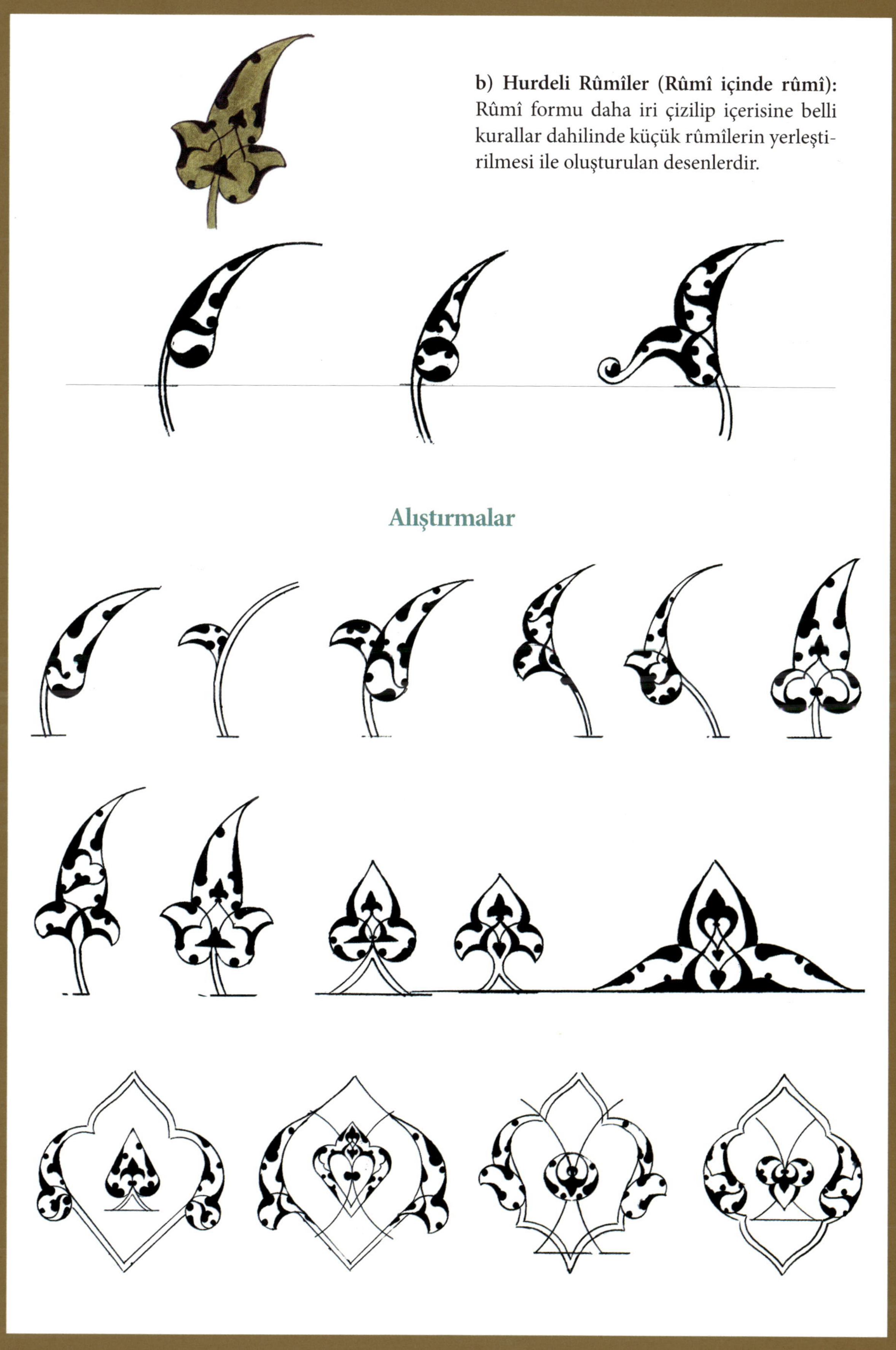

b) Hurdeli Rûmîler (Rûmî içinde rûmî): Rûmî formu daha iri çizilip içerisine belli kurallar dahilinde küçük rûmîlerin yerleştirilmesi ile oluşturulan desenlerdir.

Alıştırmalar

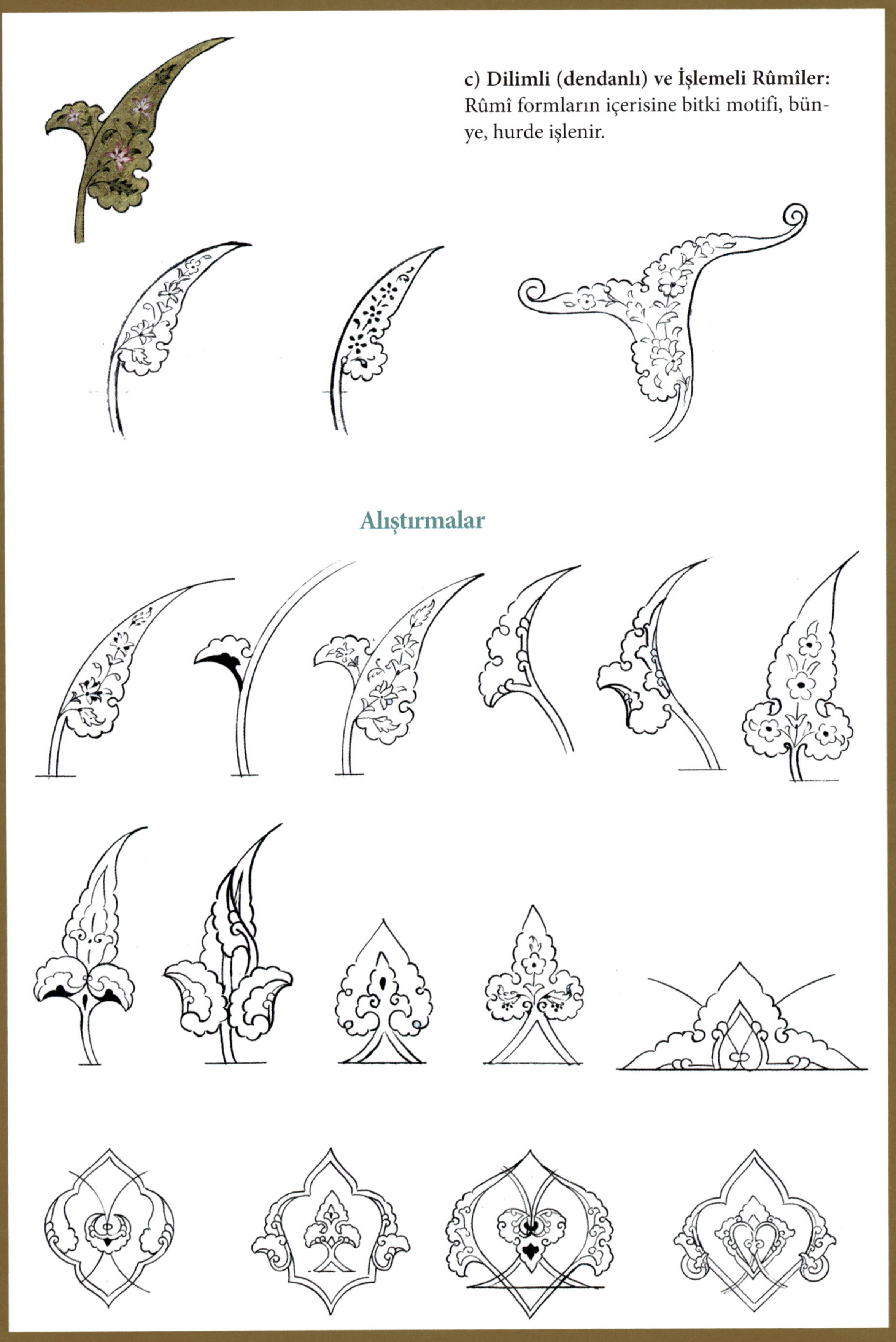

c) Dilimli (dendanlı) ve İşlemeli Rûmîler: Rûmî formların içerisine bitki motifi, bünye, hurde işlenir.

Alıştırmalar

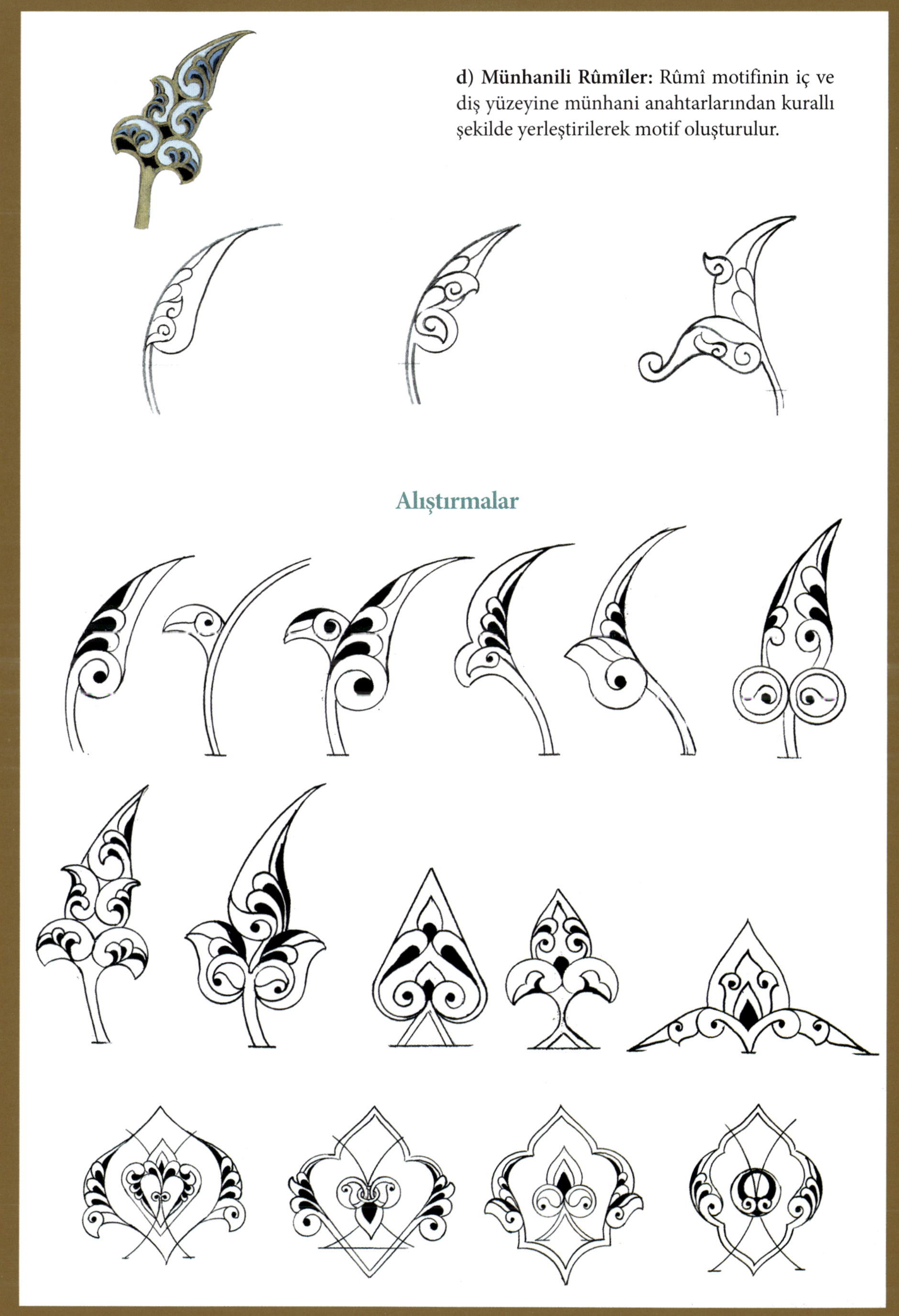

d) Münhanili Rûmîler: Rûmî motifinin iç ve diş yüzeyine münhani anahtarlarından kurallı şekilde yerleştirilerek motif oluşturulur.

Alıştırmalar

e) Sarılma Rûmîler (Piçide): Yalın rûmîye rûmî motifinin sarılmasıdır.

Rûmî çiziminde ana rûmî ince ve uzun çizilir, ona sarılan rûmî es iskeleti ile sarılır ve sürgit olarak devam eder. Bazen de sade sürgit orarak başlar ve devam eder.

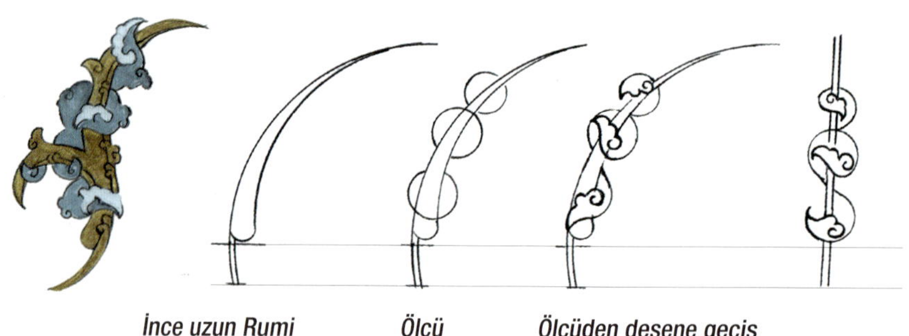

İnce uzun Rumi *Ölçü* *Ölçüden desene geçiş*

Alıştırmalar

f) Yapraklı Rûmîler: Yalın rûmî motifine yaprak motifinin sarılmasıdır.

Rûmî çiziminde ana rûmî ince ve uzun çizilir, ona saz yolu yaprakların sarılması ile motif oluşur. Sarılan yaprak es iskeleti ile sarılır, sürgit olarak devam eder. Bazen de saz yolu yaprak sadece kendisi rûmî motifini sarar.

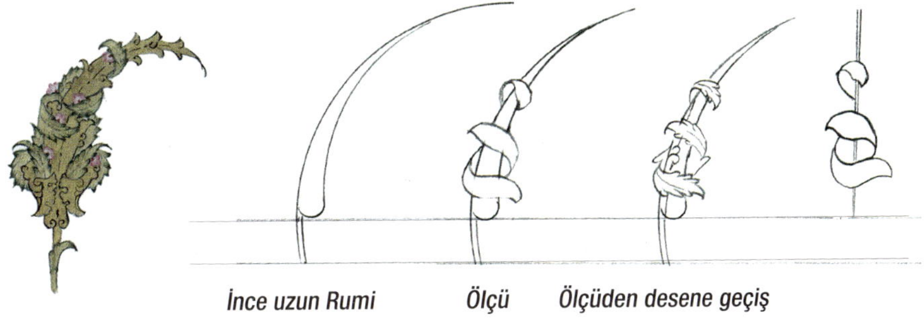

İnce uzun Rumi *Ölçü* *Ölçüden desene geçiş*

Alıştırmalar

Rûmî Motifleriyle Bordür (Su Yolu)

Rûmî motifinden bordür çalışması bir iplik üzerine sistemli rûmî yerleştirmektir.

Bu iplik ikili, üçlü, dörtlü olarak hareket ederek desen oluşturulur.

a. İkili iplik

İkili iplik çoğaltma

b. Üçlü iplik sürgit

Üçlü iplik köşe

c. Dörtlü iplik

Desen Uygulaması - Kompozisyon Oluşturma

Desen oluştururken önce iskelet çizilir sonra rumiler yerleştirilir.

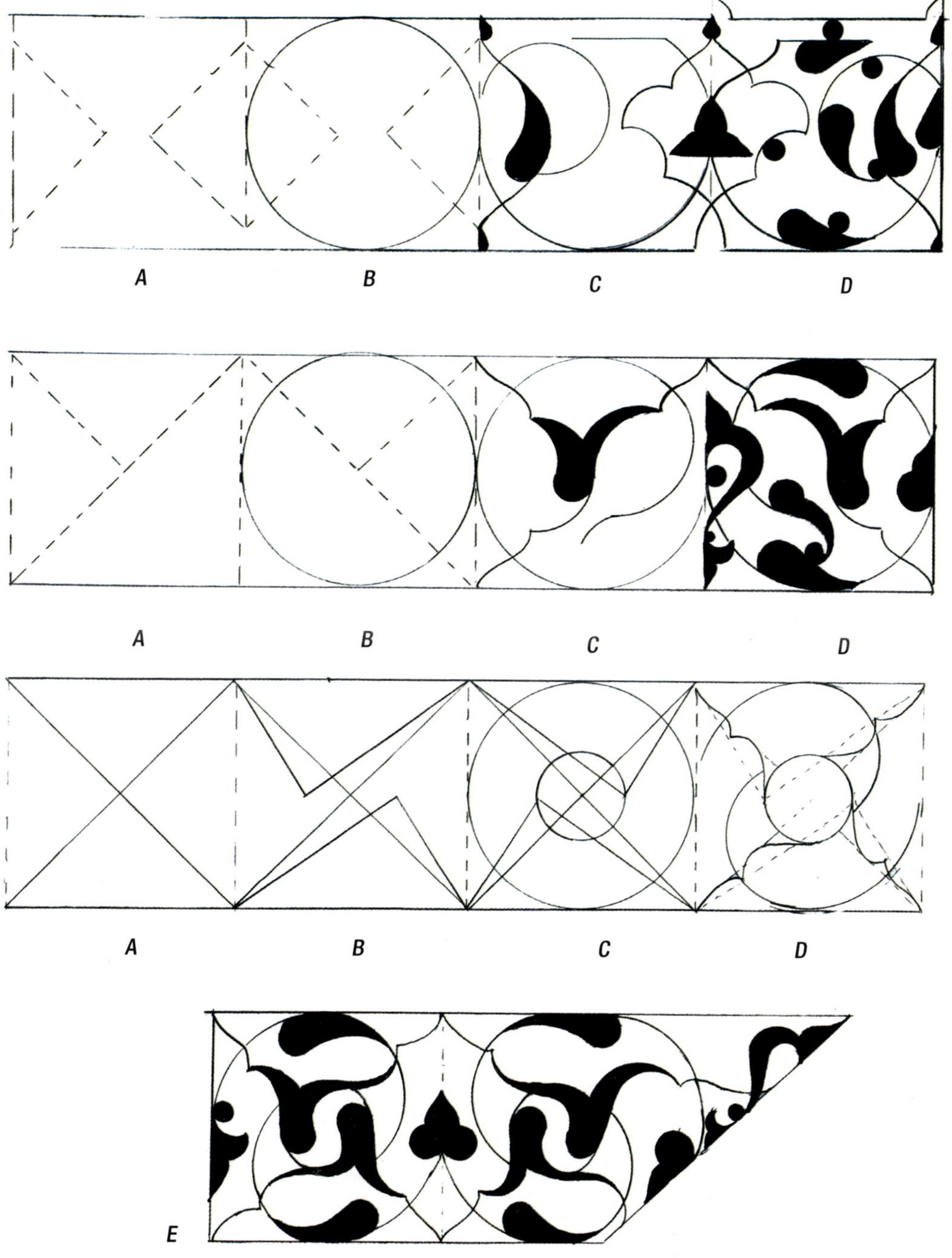

Kompozisyon oluştururken bir desende aynı rumi motifi tekrarlanabilir ya da farklı rumilerde kullanılarak desen çeşitlendirilebilir.

Koltuk desenleri. (*Muhibbî Divanı-Karamemi*, Nurhan Atasoy'dan).

Kompozisyon Örnekleri

Şemse deseni

Salbek

Yuvarlak desen

Desen

Rugani kap bezemesi. TSMK. EH. 2851
(***Hat ve Tezhip Sanatı*** 2009'dan).

2. BULUT MOTİFİ

Bulut motifi iki önemli unsurdan oluşur: Helezon, helozonu takip eden dendanlar. Dendanların ikisinden paralel uzayan es ve es tekrarları birleşirken incelir.

Helezon

Helezonu takip eden dendanlar

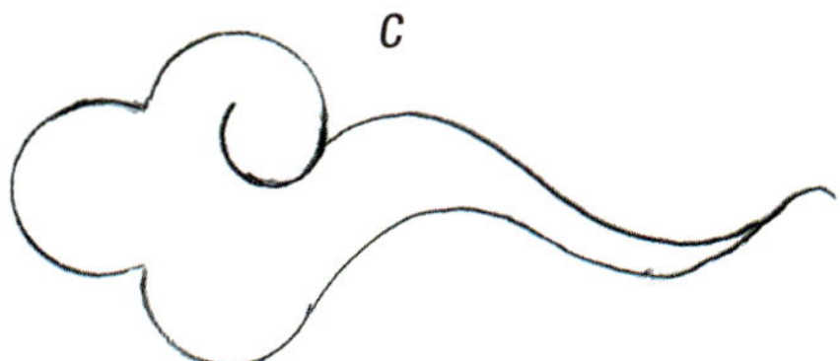

Dendanların ikisinden paralel uzayan es ve es tekrarları incelerek birleşir.

Bulutlar çizim şekillerine ve kullanım özelliklerine göre rûmîler gibi isim alırlar.

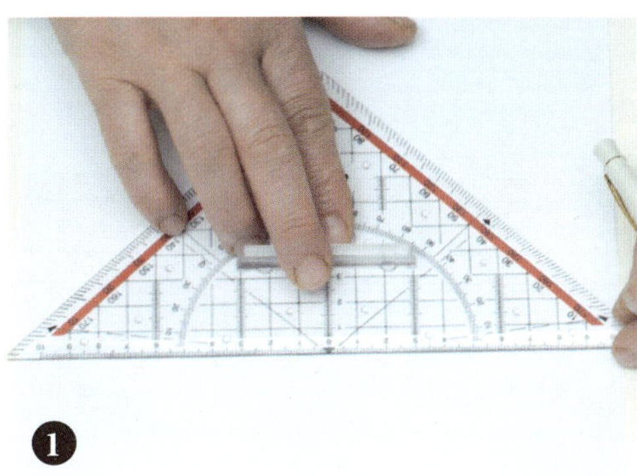

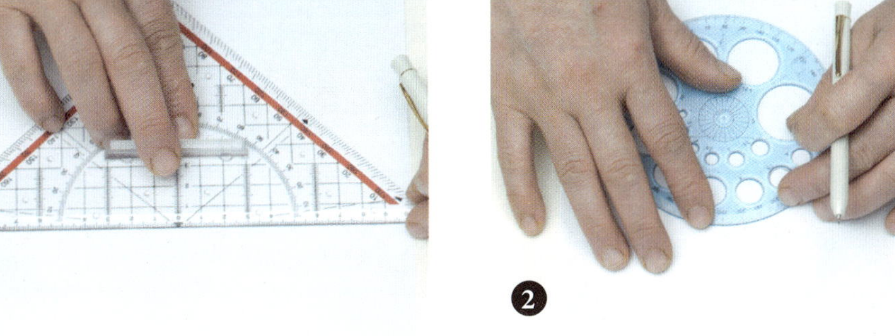

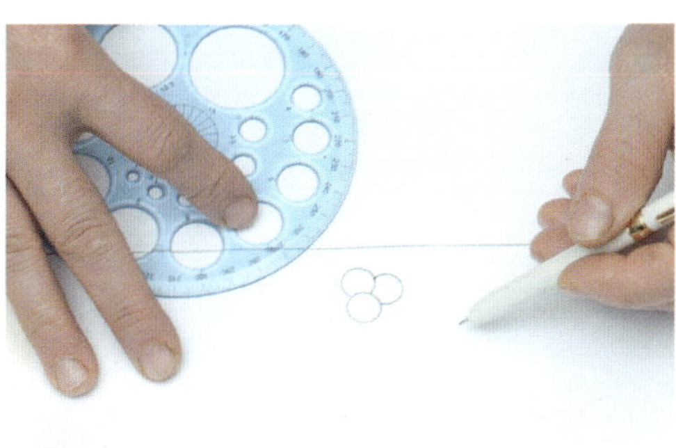

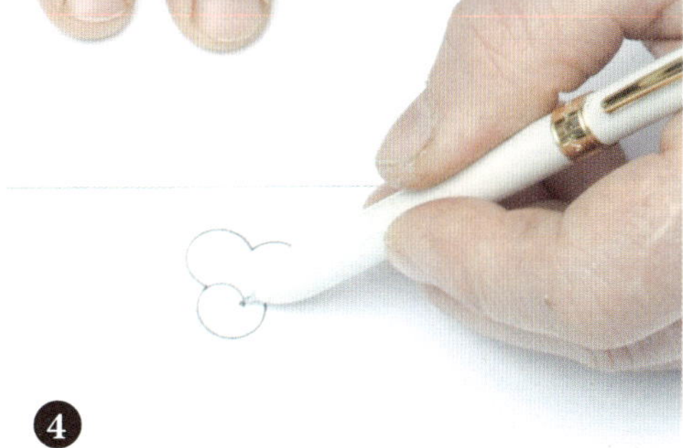

Çizim Özelliklerine Göre Bulutlar

a) Serbest Bulutlar: Kompozisyonlara serbest şekilde çizilerek yerleştirilirler.

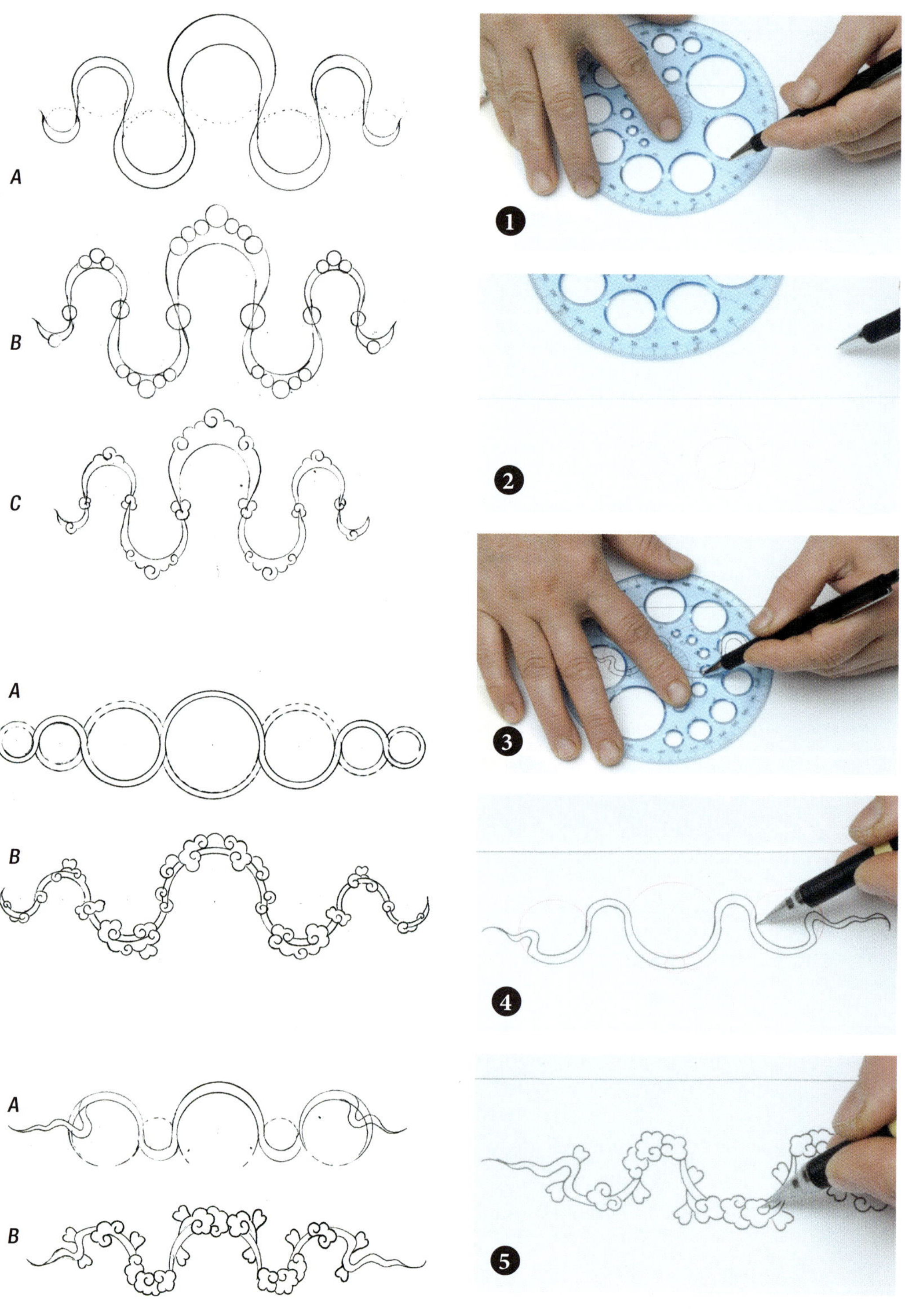

b) Yığma Bulutlar: Bulut şekillerinin daha yoğun olarak bir arada çizilmeleriyle oluşur. Bulut kompozisyon içinde helezon biçiminde bir tek nokta olabileceği gibi irili ufaklı helezonlarla yığma bulutlar şeklinde çok farklı biçimlerde tasarlanabilir.
Tarih içinde gökyüzündeki bulutlar kadar çeşitli resmedilmiş olan yığma bulutlar iki yanlarına veya çevresine sivri uçlu kıvrımlar eklenerek hareketlendirilir.

Kompozisyondaki Durumuna Göre Bulutlar

a) **Nokta Bulutlar:** Yığma bulut şeklinde çizilirler. Desende motiflerin yer alacağı dalların çıkış noktasında konumlandırıldıkları için nokta bulut denilir.

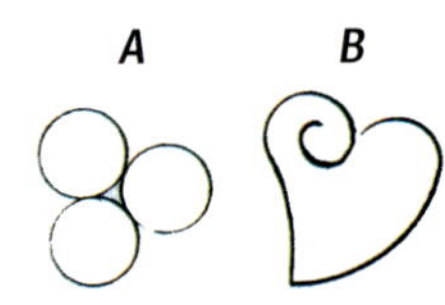

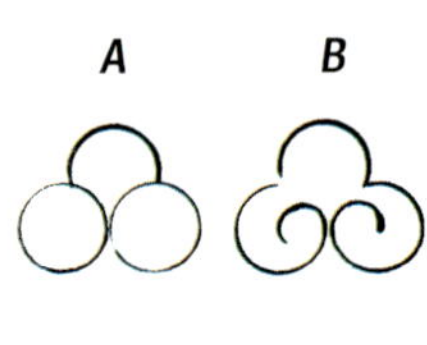

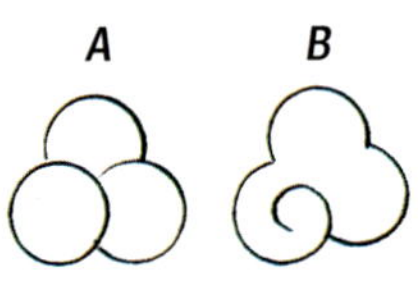

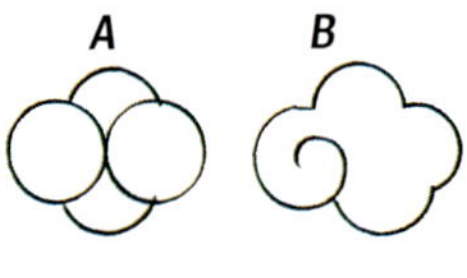

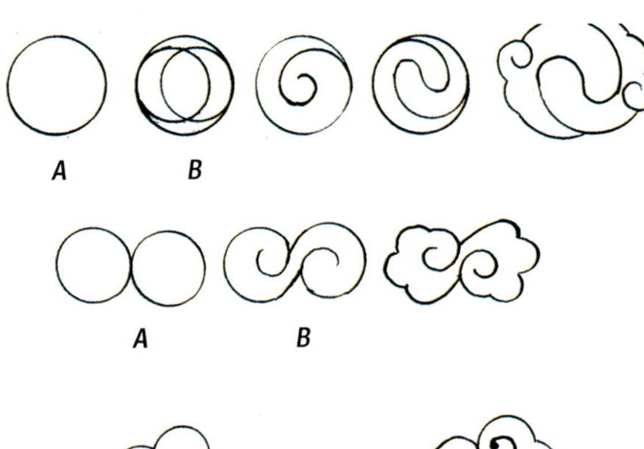

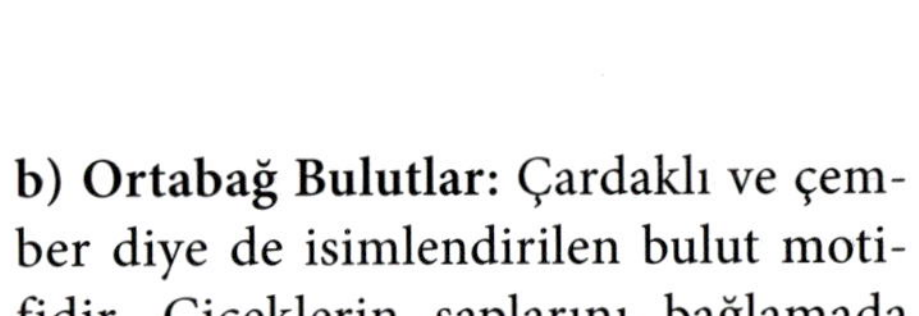

b) **Ortabağ Bulutlar:** Çardaklı ve çember diye de isimlendirilen bulut motifidir. Çiçeklerin saplarını bağlamada veya iki bulut arasına bağlantıyı sağlamada kullanılanılırlar.

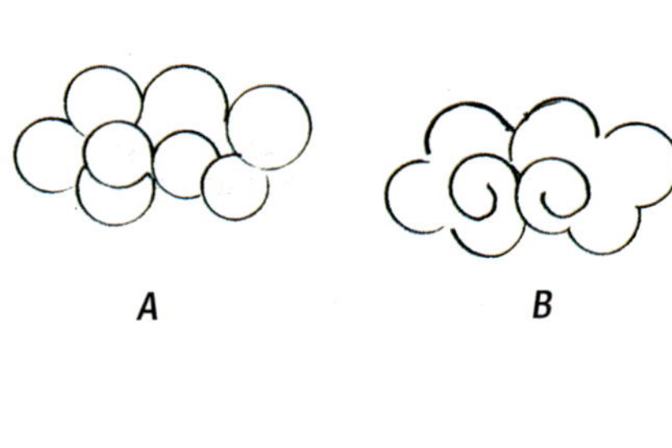

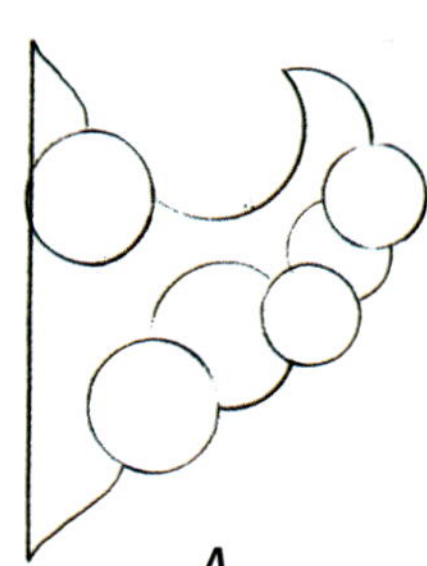

c) Tepelik Bulutlar: Kompozisyonların sınırlandırılmasında kullanılırlar. Desenlerin bitişini belirtir. Kompozisyonlarda alan bölmek için tasarlanan bulutlar simetrik olarak gelişir, ortabağ ve tepelik motifleriyle birleşirler.

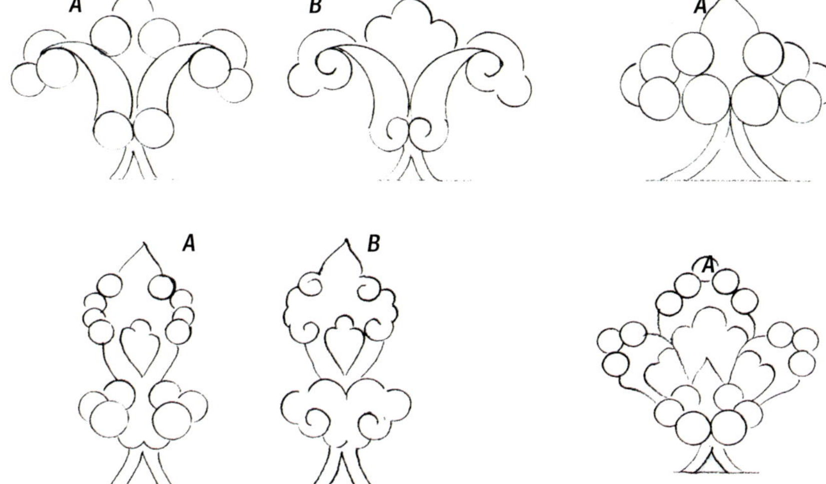

d) Ayırma Bulutlar: Ayırma rûmîlerin kullanıldığı yerde aynı görevi yapacak şekilde kullanılırlar. Renk ayrımına yardımcı olmaları sebebiyle deseni monotonluktan kurtarır, daha âhenkli görünmesini sağlarlar.

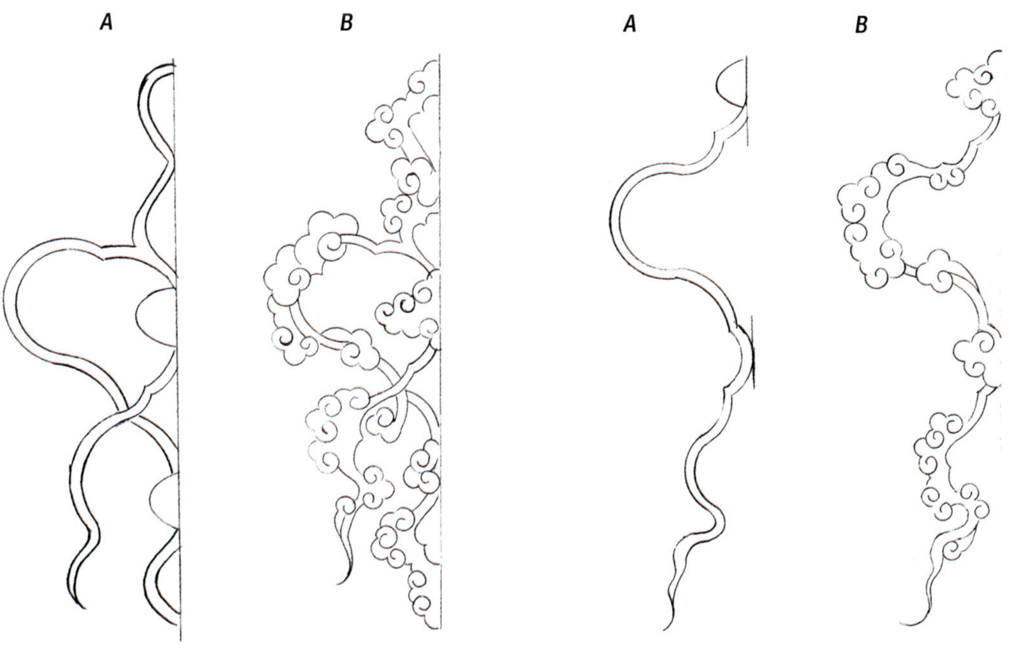

e) Hurde Bulutlar: Bulut motifi bazen iri bitki formlarını veya başka tür motiflerin içini detaylandırmada kullanılır. Bir düzenlemede rûmîlerden farklı olarak kendi bünyesinde değil, rûmî, yaprak veya hatai çiçeğiyle beraber kullanılarak değerlendirilirler.

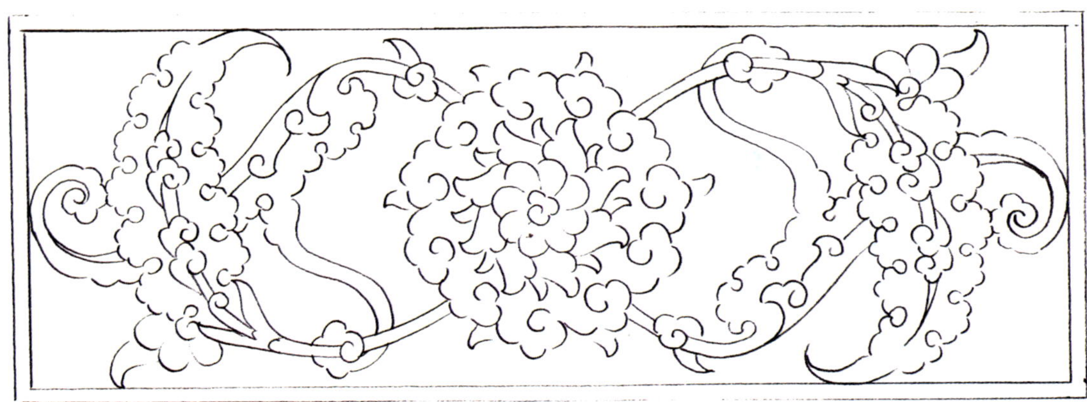

Alıştırmalar

Bulut Kompozisyonları

Şemse deseni

Rozet

Desen katlama tekniği ile

Negatif Boyama Tekniği (Çift Tahrir)

Desen tasarlanırken bazı hususlara dikkat edilmelidir. Şöyle ki, stilize çiçek ve yaprakların çiziminde bu teknik kullanıldığında yaprak ve çiçeklerin birbirine karışmasını önlemek için bırakılan boşluğa dikkat edilmesi gerekir. Boş bırakılan zemin, çiçek ve yaprakların ayrımını sağlar. Bu desenler Haliç usûlü teknikte tek başına, diğer kompozisyonlarda Rûmî ve Bulut desenleriyle beraber kompoze edilebilir.

Yaprak *Negatif Desenler*

Yaprak *Negatif Desenler*

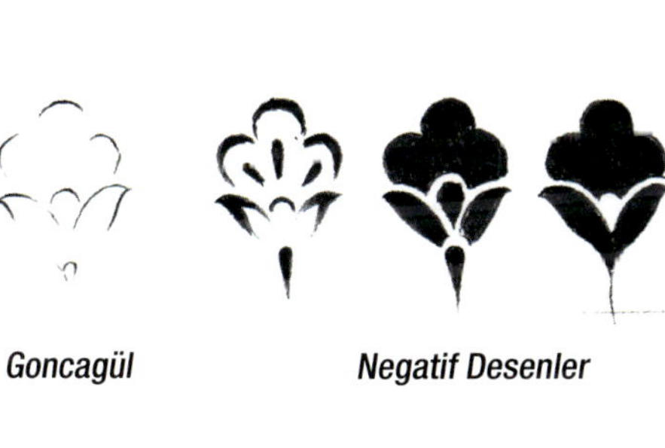

Goncagül *Negatif Desenler*

Penç *Negatif Desenler*

Hatai *Negatif Desenler*

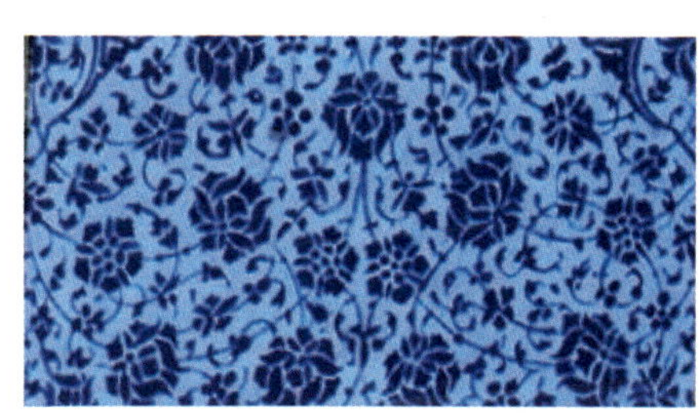

Negatif boyama tekniğine bir örnek

Kompozisyon kuralları Bitki motifleri kompozisyon kurallarıyla aynıdır. Koyu zemin üzerine varak altınla işlenebileceği gibi açık renk üzerine destekleyici renklerle, ama yine tek renk esasına uyarak renklendirilebilirler. Küçük alanlarda ve çok ince çalışmayı gerektirdiğinden kalıp kullanılmaz, el maharetiyle üretilirler.

Haliç İşi

Şemse

Desen

Madalyon

ÖRNEKLER

Hat-Tezhip: Arda Çakmak

نحن فتنة فلا تكفر فيتعلمون منهما

ما يفرقون به بين المرء وزوجه وما هم بضارين به من احد الا باذن الله ويتعلمون ما
يضرهم ولا ينفعهم ولقد علموا لمن اشتريه ما له في الآخرة من خلاق ولبئس ما شروا به
انفسهم لو كانوا يعلمون ولو انهم آمنوا واتقوا لمثوبة من عند الله خير لو كانوا
يعلمون يا ايها الذين آمنوا لا تقولوا راعنا وقولوا انظرنا واسمعوا وللكافرين
عذاب اليم ما يود الذين كفروا من اهل الكتاب ولا المشركين

ان ينزل عليكم من خير من ربكم والله

يختص برحمته من يشاء والله ذو الفضل العظيم ما ننسخ من آية او ننسها نأت
بخير منها او مثلها الم تعلم ان الله على كل شيء قدير الم تعلم ان الله له
ملك السموات والارض وما لكم من دون الله من ولي ولا نصير ام تريدون
ان تسئلوا رسولكم كما سئل موسى من قبل ومن يتبدل الكفر
بالايمان فقد ضل سواء السبيل ود كثير من اهل الكتاب لو يردونكم

من بعد ايمانكم كفارا حسدا

عشر

A. Karahisarî mushafından

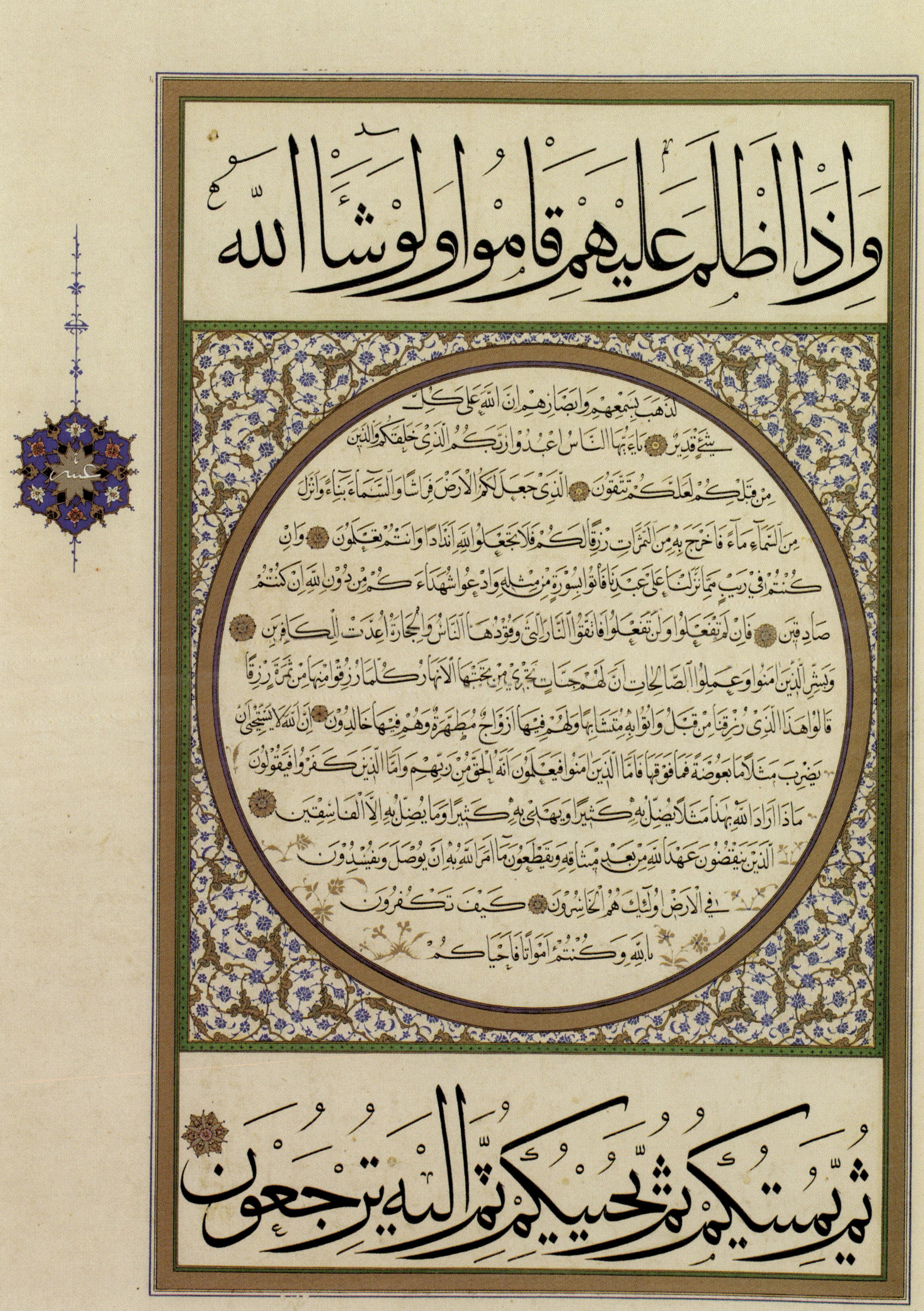

وإذا أظلم عليهم قاموا ولو شاء الله

لذهب بسمعهم وأبصارهم إن الله على كل
شيء قدير ۝ يا أيها الناس اعبدوا ربكم الذي خلقكم والذين
من قبلكم لعلكم تتقون ۝ الذي جعل لكم الأرض فراشا والسماء بناء وأنزل
من السماء ماء فأخرج به من الثمرات رزقا لكم فلا تجعلوا لله أندادا وأنتم تعلمون ۝ وإن
كنتم في ريب مما نزلنا على عبدنا فأتوا بسورة من مثله وادعوا شهداءكم من دون الله إن كنتم
صادقين ۝ فإن لم تفعلوا ولن تفعلوا فاتقوا النار التي وقودها الناس والحجارة أعدت للكافرين ۝
وبشر الذين آمنوا وعملوا الصالحات أن لهم جنات تجري من تحتها الأنهار كلما رزقوا منها من ثمرة رزقا
قالوا هذا الذي رزقنا من قبل وأتوا به متشابها ولهم فيها أزواج مطهرة وهم فيها خالدون ۝ إن الله لا يستحيي أن
يضرب مثلا ما بعوضة فما فوقها فأما الذين آمنوا فيعلمون أنه الحق من ربهم وأما الذين كفروا فيقولون
ماذا أراد الله بهذا مثلا يضل به كثيرا ويهدي به كثيرا وما يضل به إلا الفاسقين ۝
الذين ينقضون عهد الله من بعد ميثاقه ويقطعون ما أمر الله به أن يوصل ويفسدون
في الأرض أولئك هم الخاسرون ۝ كيف تكفرون
بالله وكنتم أمواتا فأحياكم

ثم يميتكم ثم يحييكم ثم إليه ترجعون

A. Karahisarî mushafından

Tezhip: Hacer Sönmez, Hat: Tevfik Kalp

Kapak cildi: Hacer Sönmez

Yukarıdaki tezhipten bir detay

Fatih Divanı'ndan bir sayfa. Hat: M. Halim Özyazıcı, Tezhip: Rikkat Kunt (*Hat ve Tezhip Sanatı* 2009'dan).

Sayfa tezhibi. (*Muhibbî Divanı-Karamemi*, Nurhan Atasoy'dan).

Murakka-ı Has, Sultan III. Ahmet TSMK. A. 3653. Tezhip: Karamemi

Tezhip detayları

Nakkaş Osman'ın Sultan Çelebi Mehmed minyatüründe tezhip detayı, *Kıyâfetü'l-insâniyye fî şemâili'l Osmâniyye* / Seyyid Hüseyn el-Urmevî.

16. yy. Sayfa tezhibi. (*XVI. yy. Şiraz El Yazmaları* 2006'dan).

KAYNAKLAR

AKAR, Azade - KESKİNER, Cahide, *Türk Süsleme Sanatlarında Desen ve Motif*, Tercüman Sanat ve Kültür Yayınları, İstanbul, 1978.

AKBAŞ, Muhsine - ÖZTEKİN, Vesile - TANSI, Ülker - TAŞKAPILIOĞLU, Mükerrem, *Tezhip Sanatında Tığ*, Kültür Bakanlığı Millî Kütüphane Yayınları, Ankara, 1991

AKSOY, Şule, "Kitap Süslemelerinde Türk Barok Rokoko Üslubu", *Kültür Bakanlığı Sanat Dergisi*, Sayı 6, 1977.

AKSU, Hatice, *AİHL Tezhip Ders Kitabı*, MEB Ders Kitapları (e-kitap) 2014.

ALPASLAN, Ali vd., *On Bin Türk Motifi Ansiklopedisi*, (tarihsiz)

ATASOY, Nurhan, *Muhibbi Divanı-Karamemi*, İstanbul 2016

ARSEVEN, Celal Esad, *Les Arts Decoratifs Turcs* (tarihsiz).

----------, "Türk Bezemeleri", *Sanat Ansiklopedisi*, c. 1, İstanbul, 1958.

----------, *Türk Sanatı*, Cem Yayınevi, İstanbul, 1984.

ASLANAPA, Oktay, *Türk Sanatı*, Remzi Kitabevi, İstanbul, 1972.

AYVAZOĞLU, Beşir, *Aşk Estetiği*, Kapı Yayınları, 5. Baskı, İstanbul, 2019.

BİNARK, İsmet, *Eski Kitapçılık Sanatlarımız*, Kazan Türkleri Kültür ve Dayanışma Derneği Yayınları, Ankara, 1975.

BİROL, İnci A. - DERMAN, Çicek, *Türk Tezyini Sanatlarında Motifler*, Kubbealtı Akademisi Kültür ve Sanat Vakfı, İstanbul, 1991.

BİROL, İnci A., *Klasik Devir Türk Tezyînî Sanatlarında Desen Tasarımı*, Kubbealtı Neşriyat, İstanbul, 2008.

ÇAĞMAN, Filiz, "Osmanlı Sanatı", *Anadolu Medeniyetleri III*, İstanbul, 1983.

DEMİRİZ, Yıldız, "Anadolu Turk Sanatında Susleme ve Kucuk Sanatlar", *Anadolu Uygarlıkları Ansiklopedisi*, c. 5, İstanbul, 1982.

DENNY, Walter B., *Gardens of Paradise 16th Century Turkish Ceramic Tile Decoration*, Milano, 1998.

DERMAN, F. Çicek, "Tezhip", *İslâm Ansiklopedisi* (TDVİA), c. 41, s. 65-68, Ankara, 2012.

DİYARBEKİRLİ, Nejat, *Başlangıcından Bugüne Türk Sanatı*, T. İş Bankası Kültür Yayınları, İstanbul, 1993.

DURAN, Gulnur, "Tezhip", *İslâm Ansiklopedisi* (TDVİA), c. 41, s. 63-65, Ankara, 2012.

DOĞANAY Aziz, *Osmanlı Tezyinatı: Klasik Devir İstanbul Hanedan Türbeleri 1522-1604*, Klasik Yayınları, İstanbul, 2009.

GRABAR, Oleg, *İslam Sanatının Oluşumu*, Çev. Nuran Yavuz, Hürriyet Vakfı Yayınları, İstanbul, 1988.

GÜRSU, Nevber, *Türk Dokumacılık Sanatı: Çağlar Boyu Desenler*, Redhouse Yayınları, İstanbul, 1988.

Hat ve Tezhip Sanatı, (Editör A. Rıza Özcan), Kültür ve Turizm Bakanlığı Yayınları, Ankara 2009.

KESKİNER, Cahide - AKAR, Azade, *Türk Motifleri*, T. Turing ve Otomobil Kurumu, İstanbul (tarihsiz).

KOÇ, Turan, *İslâm Estetiği*, TDV İslâm Araştırmaları Merkezi, İstanbul, 2010.

KOÇ, Bayhan Sabiha, *Rûmi Çizim ve Teknikleri*, İlke kitap İstanbul, 2015.

ÖGEL, Semra, *Anadolu Selçuklularının Taş Tezyinatı*, TTKB, Ankara, 1987.

ÖNEY, Gönül, *Anadolu Selçuklu Mimari Süslemesi ve El Sanatları*, T. İş Bankası Kültür Yayınları, İstanbul, 1988.

ÖZ, Tahsin, *Türk Kumaş ve Kadifeleri 1-2*, Ekonomi Bakanlığı Yayınları, Ankara, 1951.

ÖZKEÇECİ, İlhan, *Türk Sanatında Desen ve Kurgu*, Yazıgen Yayınevi, İstanbul, 2017.

----------, – ÖZKEÇECİ, Şule Bilge, *Türk Sanatında Tezhip*, Yazıgen Yayınevi İstanbul, 2014.

SEÇKİNÖZ, Mine, *Süsleme Resmi ve Süsleme Sanatları Tarihi*, TTKB, Ankara, 1986.

SÖNMEZ Hacer, *Yeni Başlayanlar İçin Tezhip-1*, İnkılâb Basım Yayım, İstanbul, 2018.

TAŞKALE, Faruk - GÜNDÜZ Hüseyin, *Hat Sanatında Hilye-i Şerife*, İstanbul 2006.

Türk Ansiklopedisi, "Tezhip ve Tezhipcilik", c. 31, İstanbul, 1998.

ULUÇ, Lale, *Türkmen Valiler, Şirazlı Ustalar, Osmanlı Okurlar*, İstanbul 2006.

WILSON, Eva, *Islamic Designs* (British Museum pattern books), London, 1988.